영문법 판매 1위, 중학영문법 3800제의 초등시리즈

초등영문법 3800제

기본 2단계

발행 초판 15쇄(2024년 4월 30일)
책임편집 서은숙 **편집** 성은혜 **원고집필** 정다혜, 권은정, 김주현, 정은주, 김유미, 홍주희 **연습문제집필** 조윤경, 권은정, 김송이, 김주희
워크북집필 윤정한, 정다혜, 김주희, 김송이 **원고검토** 유예슬, 최희찬, 박문정, 백경빈, 김미경, 김규은, 양원석, 고민정 **영문감수** Kathryn O'Handley
감수 최주영(대치 위자듀학원 강사) **교정** 황희진, 정다혜, 김주희, 이은영, 하은옥, 홍성경, 오정훈, 심가원, 이은혜, 신영은, 김송이, 하새롬
베타테스트 신재진, 이옥현, 유윤정, 정요한, 신소미, 장신혜, 변선영, 정은주
녹음 와이알 미디어 **녹음대본정리** 신소미, 김소정, 김건탁, 김윤아, 최안나 **녹음검수** 이상미, 신소미, 김소정, 김주희, 윤수경, 이옥현, 이유진, 최안나
사진검색 신의진, 김윤아, 이은혜, 손주연 **삽화** 박현주 **표지디자인** 김연실 **인디자인편집** 정은영, 박정민, 박경아, 김미라, 고연화
제작 이주영 **발행처** ㈜마더텅 **발행인** 문숙영 **주소** 서울시 금천구 가마산로 96, 708호

* 교재 및 기타 문의사항은 **이메일(mothert1004@toptutor.co.kr)**로 보내주시면 감사하겠습니다.
* 이 책에는 네이버에서 제공한 **나눔글꼴**이 적용되어 있습니다.
* 교재 구입 시 온/오프라인 서점에 교재가 없는 경우에는 고객센터 전화 1661-1064(07:00~22:00)로 문의해 주시기 바랍니다.

마더텅 교재를 풀면서 궁금한 점이 생기셨나요?
교재 관련 내용 문의나 오류신고 사항이 있으면 아래 문의처로 보내주세요! 문의하신 내용에 대해 성심성의껏 답변해 드리겠습니다. 또한 교재의 내용 오류 또는 오·탈자, 그 외 수정이 필요한 사항에 대해 가장 먼저 신고해 주신 분께는 감사의 마음을 담아 CU 모바일 편의점 상품권 1천 원권 을 보내드립니다!

*기한: 2024년 12월 31일 *오류신고 이벤트는 당사 사정에 따라 조기 종료될 수 있습니다. *홈페이지에 게시된 정오표 기준으로 최초 신고된 오류에 한하여 상품권을 보내드립니다.

카카오톡 mothertongue 이메일 mothert1004@toptutor.co.kr 문자 010-6640-1064(문자수신전용)
홈페이지 www.toptutor.co.kr 교재Q&A게시판 고객센터 전화 1661-1064(07:00~22:00)

초등영문법 3800제 **기본2단계**

이렇게 공부하세요.

LEVEL 6

문법 개념을 익힌 후 확인테스트를 풀어보면서 제대로 이해했는지 확인해요.

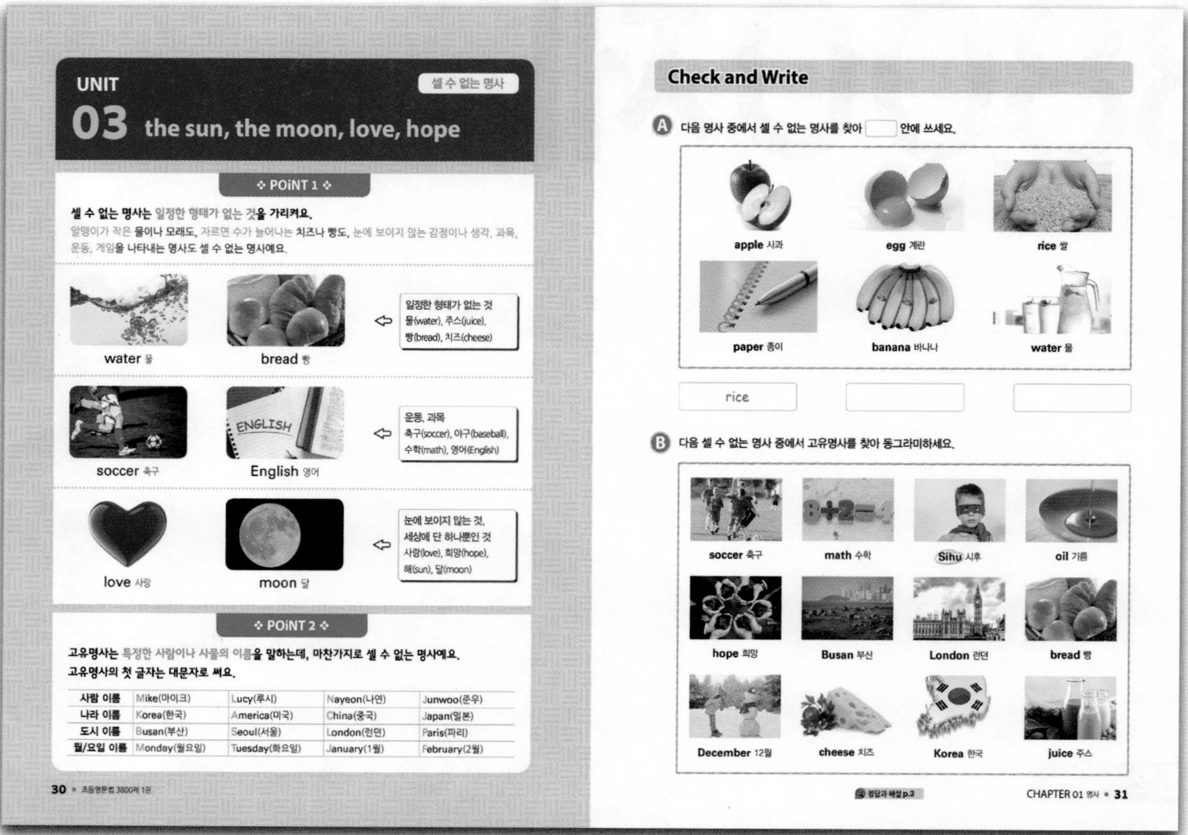

UNIT 03 the sun, the moon, love, hope
셀 수 없는 명사

POiNT 1

셀 수 없는 명사는 일정한 형태가 없는 것**을 가리켜요.**
알맹이가 작은 **물이나 모래도**, 자르면 수가 늘어나는 **치즈나 빵도**, 눈에 보이지 않는 감정이나 생각, 과목, 운동, 게임을 나타내는 명사도 셀 수 없는 명사예요.

water 물 / bread 빵 ⇦ 일정한 형태가 없는 것 물(water), 주스(juice), 빵(bread), 치즈(cheese)

soccer 축구 / English 영어 ⇦ 운동, 과목 축구(soccer), 야구(baseball), 수학(math), 영어(English)

love 사랑 / moon 달 ⇦ 눈에 보이지 않는 것, 세상에 단 하나뿐인 것 사랑(love), 희망(hope), 해(sun), 달(moon)

POiNT 2

고유명사는 특정한 사람이나 사물의 이름**을 말하는데, 마찬가지로 셀 수 없는 명사예요.**
고유명사의 첫 글자는 대문자로 써요.

사람 이름	Mike(마이크)	Lucy(루시)	Nayeon(나연)	Junwoo(준우)
나라 이름	Korea(한국)	America(미국)	China(중국)	Japan(일본)
도시 이름	Busan(부산)	Seoul(서울)	London(런던)	Paris(파리)
월/요일 이름	Monday(월요일)	Tuesday(화요일)	January(1월)	February(2월)

30 • 초등영문법 3800제 1권

Check and Write

A 다음 명사 중에서 셀 수 없는 명사를 찾아 ☐ 안에 쓰세요.

apple 사과 / egg 계란 / rice 쌀 / paper 종이 / banana 바나나 / water 물

rice

B 다음 셀 수 없는 명사 중에서 고유명사를 찾아 동그라미하세요.

soccer 축구 / math 수학 / Sihu 시후 / oil 기름 / hope 희망 / Busan 부산 / London 런던 / bread 빵 / December 12월 / cheese 치즈 / Korea 한국 / juice 주스

정답과 해설 p.3

CHAPTER 01 명사 • 31

Practice 1, 2, 3

Practice 1, 2, 3로 구성된 연습문제를 풀면서 앞에서 배운 문법이 적용된 풍부한 예문을 접할 수 있어요. 연습 문제들을 풀다보면, 서술형 문제도 더 이상 어렵지 않아요!

Let's Practice More!

문법 내용을 제대로 이해했는지 확인할 수 있도록 SET 01–08까지 다양한 유형의 연습문제를 실었어요. 문제를 하나하나 풀다보면 해당 UNIT의 핵심 개념을 제대로 익히게 될 거에요.

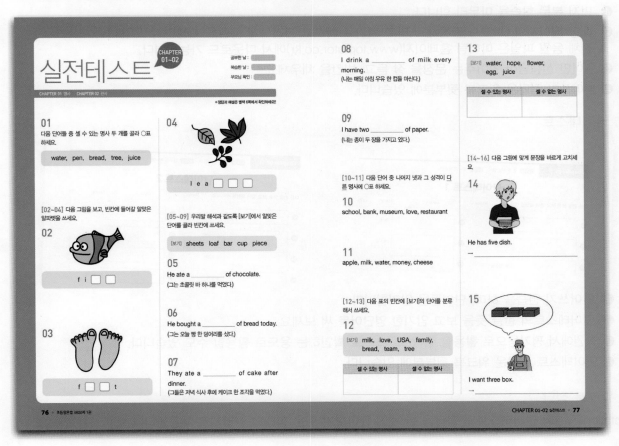

마무리 실전테스트

최종 마무리 테스트로서 권당 2회분의 실전테스트를 실었어요. 총 30문제의 진단평가 및 교내평가 유형의 실전문제로 앞에서 배운 내용을 복습하고 취약한 부분을 파악해 봐요.

실전테스트 CHAPTER 01~02

공부한 날 : 복습한 날 : 부모님 확인 :

CHAPTER 01 명사 CHAPTER 02 관사

※정답과 해설은 별책 6쪽에서 확인하세요!

01 다음 단어들 중 셀 수 있는 명사 두 개를 골라 ○표 하세요.

water, pen, bread, tree, juice

[02~04] 다음 그림을 보고, 빈칸에 들어갈 알맞은 알파벳을 쓰세요.

02 fi□□

03 f□□t

04 lea□□□

[05~09] 우리말 해석과 같도록 [보기]에서 알맞은 단어를 골라 빈칸에 쓰세요.

[보기] sheets loaf bar cup piece

05 He ate a ________ of chocolate. (그는 초콜릿 바 하나를 먹었다.)

06 He bought a ________ of bread today. (그는 오늘 빵 한 덩어리를 샀다.)

07 They ate a ________ of cake after dinner. (그들은 저녁 식사 후에 케이크 한 조각을 먹었다.)

08 I drink a ________ of milk every morning. (나는 매일 아침 우유 한 컵을 마신다.)

09 I have two ________ of paper. (나는 종이 두 장을 가지고 있다.)

[10~11] 다음 단어 중 나머지 넷과 그 성격이 다른 명사에 ○표 하세요.

10 school, bank, museum, love, restaurant

11 apple, milk, water, money, cheese

[12~13] 다음 표의 빈칸에 [보기]의 단어를 분류해서 쓰세요.

12 [보기] milk, love, USA, family, bread, team, tree

셀 수 있는 명사	셀 수 없는 명사

13 [보기] water, hope, flower, egg, juice

셀 수 있는 명사	셀 수 없는 명사

[14~16] 다음 그림에 맞게 문장을 바르게 고치세요.

14 He has five dish. →

15 I want three box. →

76 초등영문법 3800제 1권 CHAPTER 01-02 실전테스트 77

워크북 구성 및 활용법 워크북은 아래와 같은 방법으로 활용하세요.

1. 단어쓰기 연습

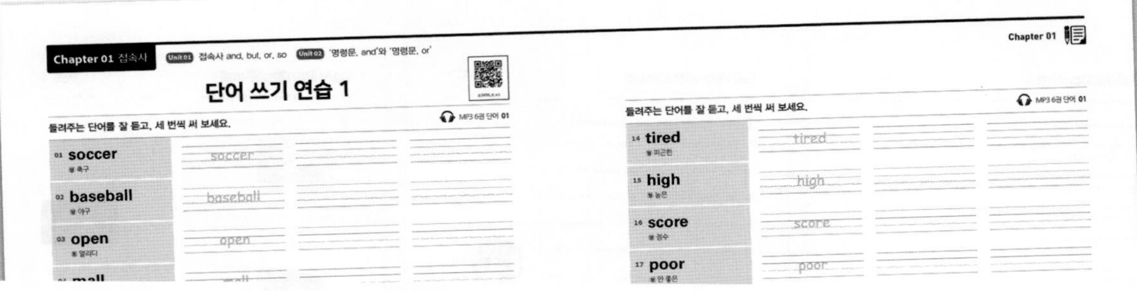

Chapter 01 접속사 Unit 01 접속사 and, but, or, so Unit 02 '명령문, and'와 '명령문, or'

단어 쓰기 연습 1

들려주는 단어를 잘 듣고, 세 번씩 써 보세요.

MP3 6권 단어 01

01 soccer 축구 soccer

02 baseball 야구 baseball

03 open 열리다 open

Chapter 01

들려주는 단어를 잘 듣고, 세 번씩 써 보세요.

MP3 6권 단어 01

14 tired 피곤한 tired

15 high 높은 high

16 score 점수 score

17 poor 안 좋은 poor

❶ 먼저 본문 학습을 마무리 합니다.

❷ 해당 페이지의 QR코드를 통해 스마트 기기로 빠르고 편리하게 음원을 재생할 수 있습니다.
전체 음원 파일은 마더텅 홈페이지(www.toptutor.co.kr)에서 다운로드 가능합니다.

❸ 원어민 선생님이 읽어주는 영단어를 잘 듣고 안내선 안에 영어 단어 철자를 세 번씩 쓰세요.

2. 받아쓰기 시험 (Dictation Test)

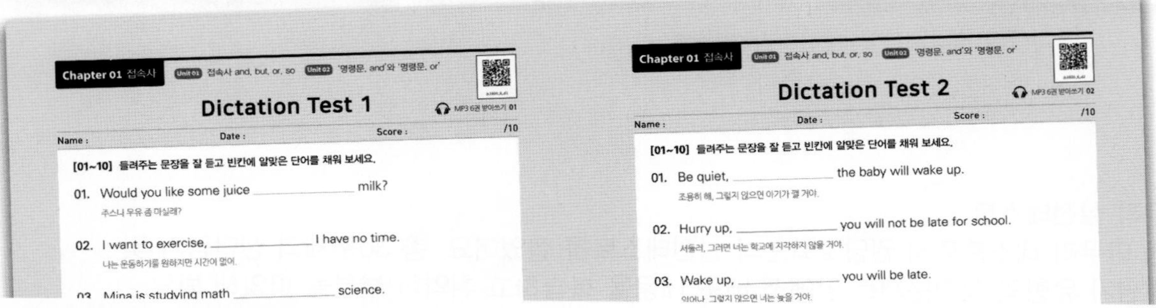

Chapter 01 접속사 Unit 01 접속사 and, but, or, so Unit 02 '명령문, and'와 '명령문, or'

Dictation Test 1

MP3 6권 받아쓰기 01

Name : Date : Score : /10

[01~10] 들려주는 문장을 잘 듣고 빈칸에 알맞은 단어를 채워 보세요.

01. Would you like some juice ________ milk?
주스나 우유 좀 마실래?

02. I want to exercise, ________ I have no time.
나는 운동하기를 원하지만 시간이 없어.

03. Mina is studying math ________ science.

Chapter 01 접속사 Unit 01 접속사 and, but, or, so Unit 02 '명령문, and'와 '명령문, or'

Dictation Test 2

MP3 6권 받아쓰기 02

Name : Date : Score : /10

[01~10] 들려주는 문장을 잘 듣고 빈칸에 알맞은 단어를 채워 보세요.

01. Be quiet, ________ the baby will wake up.
조용히 해, 그렇지 않으면 아기가 깰 거야.

02. Hurry up, ________ you will not be late for school.
서둘러, 그러면 너는 학교에 지각하지 않을 거야.

03. Wake up, ________ you will be late.
일어나, 그렇지 않으면 너는 늦을 거야.

❶ 먼저 본문 학습을 마무리 합니다.

❷ 해당 페이지의 QR코드를 통해 스마트 기기로 빠르고 편리하게 음원을 재생할 수 있습니다.
전체 음원 파일은 마더텅 홈페이지(www.toptutor.co.kr)에서 다운로드 가능합니다.

❸ 원어민 선생님이 읽어주는 문장을 잘 듣고, 빈칸을 채우세요.

❹ 받아쓰기 정답은 워크북 뒷부분에 있습니다.

3. 단어테스트

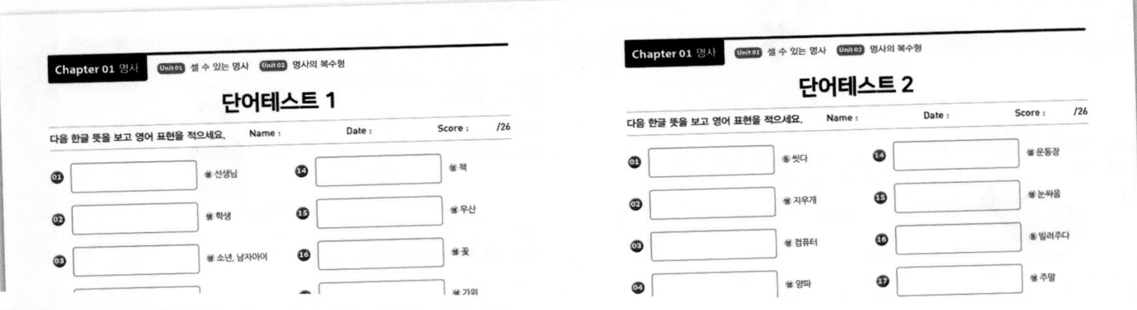

Chapter 01 명사 Unit 01 셀 수 있는 명사 Unit 02 명사의 복수형

단어테스트 1

다음 한글 뜻을 보고 영어 표현을 적으세요. Name : Date : Score : /26

01 선생님 14 책

02 학생 15 우산

03 소년, 남자아이 16 꽃

Chapter 01 명사 Unit 01 셀 수 있는 명사 Unit 02 명사의 복수형

단어테스트 2

다음 한글 뜻을 보고 영어 표현을 적으세요. Name : Date : Score : /26

01 씻다 14 운동장

02 지우개 15 눈싸움

03 컴퓨터 16 빌려주다

04 양파 17 주말

❶ 단어쓰기 연습을 하며, 단어들을 암기합니다.

❷ 단어테스트의 한글 뜻을 보고 암기한 영단어를 써 보세요.

❸ 학원에서 평가용으로 활용할 수 있고, 스스로 확인하는 용도로 활용할 수도 있습니다.

❹ 단어테스트 정답은 워크북 뒷부분에 있습니다.

4. 워크북 정답

Dictation Test와 단어테스트의 정답을 한 눈에 알아보기 쉬운 형태의 정답지로 제공합니다.

초등영문법 3800제 시리즈 소개

초등영문법 3800제 시리즈는 전체 8권으로 구성되어 있습니다. 1-8권까지 차례로 입문, 기초, 기본, 실력 각각 2단계로 구성되어 있으며 초등학교 4,5,6학년과 기초가 필요한 중학생에게 적합한 교재입니다.

입문

LEVEL 1

입문 1 단계

영문법의 기초인 명사, 관사, 인칭대명사, 지시대명사와 비인칭주어 it, be동사를 배워봐요.

Chapter	Unit	학습내용
01 명사	01	셀 수 있는 명사
	02	명사의 복수형
	03	셀 수 없는 명사
	04	셀 수 없는 명사의 수량표현
02 관사	01	부정관사
	02	정관사
실전테스트 **Chapter 01 - 02**		
03 인칭대명사	01	주격 인칭대명사
	02	목적격 인칭대명사
	03	소유격 인칭대명사
	04	소유대명사
04 지시대명사와 비인칭주어 it	01	지시대명사 this, these / that, those / it
	02	지시형용사 / 비인칭주어 it
05 be동사	01	주어에 따라 다른 be동사
	02	be동사의 우리말 뜻
실전테스트 **Chapter 03 - 05**		

LEVEL 2

입문 2 단계

일반동사와 be동사의 의문문,부정문과 의문사를 이용해 질문하는 법을 배워봐요.

Chapter	Unit	학습내용
01 일반동사	01	일반동사의 종류
	02	일반동사의 현재형
	03	일반동사의 3인칭 단수형(1)
	04	일반동사의 3인칭 단수형(2)
02 be동사의 부정문과 의문문	01	be동사의 부정문
	02	be동사의 의문문
실전테스트 **Chapter 01 - 02**		
03 일반동사의 부정문과 의문문	01	일반동사의 부정문
	02	일반동사의 의문문
04 의문사 의문문	01	의문사가 있는 의문문 만드는 법
	02	who/what 의문문
	03	when/where 의문문
	04	how/why 의문문
실전테스트 **Chapter 03 - 04**		

기초

LEVEL 3
기초 1 단계

기본 조동사와 형용사, 부사와 감탄문,
명령문, 청유문까지 배워봐요.

Chapter	Unit	학습내용
01 조동사	01	조동사 can
	02	조동사 may
	03	조동사 must, have to(1)
	04	조동사 must, have to(2)
02 형용사	01	형용사의 종류와 역할(1)
	02	형용사의 종류와 역할(2)
03 부사	01	부사의 기능과 모양
	02	주의해야 할 부사 / 빈도부사
실전테스트 **Chapter 01 - 03**		
04 감탄문	01	What으로 시작하는 감탄문
	02	How로 시작하는 감탄문
05 명령문	01	긍정 명령문
	02	부정 명령문
06 청유문	01	청유문
	02	제안을 나타내는 다른 표현
실전테스트 **Chapter 04 - 06**		

LEVEL 4
기초 2 단계

동사의 과거형부터 시작해서 현재시제,
미래시제, 진행시제까지 배워봐요.

Chapter	Unit	학습내용
01 be동사의 과거형	01	be동사의 과거형(1)
	02	be동사의 과거형(2)
	03	be동사 과거형의 부정문
	04	be동사 과거형의 의문문
02 일반동사의 과거형	01	일반동사의 과거형(규칙변화)
	02	일반동사의 과거형(불규칙변화)
	03	일반동사 과거형의 부정문
	04	일반동사 과거형의 의문문
실전테스트 **Chapter 01 - 02**		
03 현재시제 / 과거시제	01	현재시제
	02	과거시제
04 미래시제	01	미래시제 will
	02	미래시제 be going to
05 현재진행시제	01	현재진행시제
	02	현재진행시제의 부정문과 의문문
06 과거진행시제	01	과거진행시제
	02	과거진행시제의 부정문과 의문문
실전테스트 **Chapter 03 - 06**		

기본

LEVEL 5
기본 1 단계

부가의문문과 영어의 숫자 관련 표현,
there 구문과 비교급, 최상급까지 배워봐요.

Chapter	Unit	학습내용
01 부가의문문	01	부가의문문(1)
	02	부가의문문(2)
02 수량형용사	01	many와 much
	02	a lot of와 lots of
	03	a few와 a little
	04	few와 little
	05	some과 any
	06	all과 every
실전테스트 **Chapter 01 - 02**		
03 There is / There are	01	There is / There are
	02	There is / There are의 과거·부정·의문형
04 비교급 / 최상급	01	비교급(1)
	02	비교급(2)
	03	최상급(1)
	04	최상급(2)
실전테스트 **Chapter 03 - 04**		

LEVEL 6
기본 2 단계

접속사와 전치사에 대해 배우고 문장의
형식에 대해 자세히 알아봐요.

Chapter	Unit	학습내용
01 접속사	01	접속사 and, but, or, so
	02	'명령문, and'와 '명령문, or'
	03	when/after/before
	04	because/if
02 전치사	01	시간의 전치사
	02	장소의 전치사
	03	방향의 전치사
	04	기타 전치사
실전테스트 **Chapter 01 - 02**		
03 문장의 형식	01	영어의 필수 문장 성분
	02	1형식
	03	2형식
	04	3형식과 4형식
	05	4형식을 3형식으로 바꾸기
	06	5형식
실전테스트 **Chapter 03**		

실력

LEVEL 7

실력 1 단계

중학교 내신에서 가장 중요한
to부정사와 동명사, 분사와
현재완료시제를 배워봐요.

Chapter	Unit	학습내용
01 to부정사	01	to부정사 만들기
	02	to부정사의 용법(1) 명사적 용법
	03	to부정사의 용법(2) 형용사적 용법
	04	to부정사의 용법(3) 부사적 용법
02 동명사	01	동명사 만들기
	02	동명사의 역할
03 to부정사, 동명사를 목적어로 하는 동사	01	to부정사가 오는 동사의 활용(1)
	02	to부정사가 오는 동사의 활용(2)
	03	동명사가 오는 동사의 활용(1)
	04	동명사가 오는 동사의 활용(2)
실전테스트 **Chapter 01 - 03**		
04 분사	01	현재분사와 과거분사의 특징
	02	불규칙한 과거분사와 감정표현에 쓰이는 분사
05 현재완료	01	현재완료
	02	현재완료 시제와 과거 시제의 비교
실전테스트 **Chapter 04 - 05**		

LEVEL 8

실력 2 단계

수동태와 관계대명사의 종류를 배우고
관계대명사 what과 관계부사로
마무리해요.

Chapter	Unit	학습내용
01 수동태	01	격 변화와 수동태에 쓰이는 불규칙 동사
	02	수동태 만드는 법
	03	수동태의 부정문
	04	수동태의 의문문
실전테스트 **Chapter 01**		
02 관계대명사	01	관계대명사
	02	관계대명사의 종류
03 관계대명사의 종류	01	주격 관계대명사(1)
	02	주격 관계대명사(2)
	03	목적격 관계대명사(1)
	04	목적격 관계대명사(2)
04 관계대명사 what / 관계부사	01	관계대명사 what
	02	관계부사
실전테스트 **Chapter 02 - 04**		

영문법 판매 1위, 중학영문법 3800제의 초등시리즈

초등영문법 3800제

기본2단계 CONTENTS

Chapter 01 접속사

이 챕터에서는 단어와 단어, 문장과 문장을 이어주는 말인 '접속사'에 대해 배워 보아요.

☆ 학습 방향 및 배울 내용 미리보기 ☆

☐ **Unit 01 :** Mary is my sister, **and** she is cute.

접속사 and, but, or, so

접속사 and, but, or, so의 의미와 이 접속사들을 어떤 상황에서 쓰는지 알려 줄게요.

☐ **Unit 02 :** Study hard, **and** you will get a high score.

'명령문, and'와 '명령문, or'

명령문 뒤에 접속사 and가 올 때와 접속사 or가 올 때 문장이 각각 어떤 의미를 갖게 되는지 알려 줄게요.

☐ **Unit 03 :** I brush my teeth **after** I finish dinner.

when/after/before

시간의 접속사 when, after, before의 의미와 시간의 접속사가 쓰인 종속절의 특징에 대해 알아보아요.

☐ **Unit 04 : If** you study hard, you will pass the exam.

because/if

원인이나 이유를 말할 때 사용하는 접속사 because와 조건을 걸 때 사용하는 접속사 if의 의미와 특징에 대해 알아보아요.

단어 미리보기

이 챕터에 나올 단어들 중 이미 알고 있는 단어가 있나요?
맞는 뜻을 골라 체크해 봐요.

날짜 : 이름 : 알고 있는 단어의 수 : /24개

No.	아는 단어	단어	품사	알맞은 뜻에 체크 표시해 봐요.			
1	☑	cold	명사	아이스크림	☐	감기	☑
2	☐	sleepy	형용사	졸린	☐	깬	☐
3	☐	breakfast	명사	아침(식사)	☐	저녁(식사)	☐
4	☐	quiet	형용사	시끄러운	☐	조용한	☐
5	☐	hurry	동사	서두르다	☐	게으르다	☐
6	☐	turn	동사	돌다	☐	밀다	☐
7	☐	left	형용사	오른쪽의	☐	왼쪽의	☐
8	☐	post office	명사	우체국	☐	소방서	☐
9	☐	outside	부사	안에	☐	밖에	☐
10	☐	kind	형용사	친절한	☐	불친절한	☐
11	☐	weather	명사	날씨	☐	의심	☐
12	☐	smoke	동사	웃다	☐	담배 피우다	☐
13	☐	when	접속사	~할 때	☐	~한 후에	☐
14	☐	noise	명사	소음	☐	싸움	☐
15	☐	enter	동사	들어가다	☐	나오다	☐
16	☐	strong	형용사	약한	☐	강한	☐
17	☐	brave	형용사	용감한	☐	겁 많은	☐
18	☐	mad	형용사	웃긴	☐	화난	☐
19	☐	old	형용사	나이 많은	☐	어린	☐
20	☐	change	명사	한결	☐	변화	☐
21	☐	fly	동사	날다	☐	걷다	☐
22	☐	really	부사	속여서	☐	정말	☐
23	☐	again	부사	아직	☐	다시	☐
24	☐	touch	동사	만지다	☐	터뜨리다	☐

UNIT 01 접속사 and, but, or, so

Mary is my sister, and she is cute.

접착제 역할을 하는 접속사

접속사란 단어와 단어, 문장과 문장을 이어주는 말로, 접착제 역할을 해요.

단어와 단어를 연결하기

She likes soccer(명사A) and baseball(명사B).

문장과 문장을 연결하기

The door opened(문장A), and he came in(문장B).

❖ POiNT ❖

and ~와, 그리고 **서로 대등한 내용을 연결할 때 쓰는 접속사**

Mary is my sister. + Mary is cute.

⇨ Mary is my sister, and (she) is cute.

Mary는 내 여동생이고, 그녀는 귀여워요.

잠깐! 접속사 뒤에 오는 Mary는 **반복**되기 때문에 **대명사**로 바꿔주거나 **생략**할 수 있어요.

but 그러나, ~이지만 **서로 반대되는 내용을 연결할 때 쓰는 접속사**

Mary likes fruit. + Mary doesn't like vegetables.

⇨ Mary likes fruit, but (she) doesn't like vegetables.

Mary는 과일을 좋아하지만 채소는 좋아하지 않아요.

or 또는, ~아니면 **둘 중 하나를 선택할 때 쓰는 접속사**

Do you want to watch a movie? + Do you want to go to the mall?

⇨ Do you want to watch a movie or go to the mall?

너 영화 보고 싶니, 아니면 쇼핑몰에 가고 싶니?

위 문장에서는 or 뒤에 반복되는 내용인 Do you want to가 생략되었어요.

so 그래서, 그러므로 **어떤 일의 결과를 말할 때 쓰는 접속사**

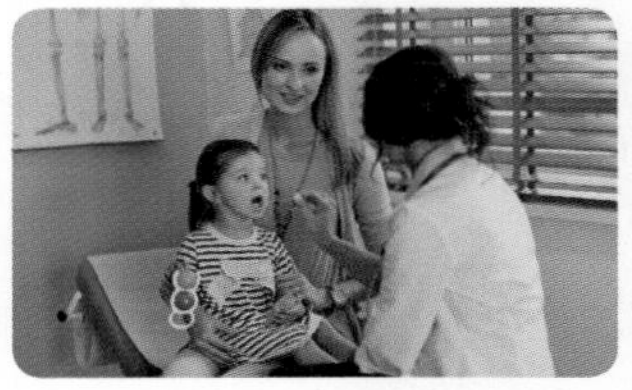

I had a cold. + I went to the doctor.

⇨ I had a cold, so I went to the doctor.

나는 감기에 걸려서 의사에게 갔다.

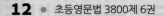

Check and Write

우리말 해석과 같도록 알맞은 접속사를 보기에서 골라 쓰세요.

보기 and but or so

1. Would you like some juice ___or___ milk?
   주스나 우유 좀 마실래?

2. It didn't rain yesterday, ________ we stayed home anyway.
   어제 비가 오지 않았지만, 어쨌든 우리는 집에 있었어.

3. I want to exercise, ________ I have no time.
   나는 운동하기를 원하지만 시간이 없어.

4. Mina is studying math ________ science.
   미나는 수학과 과학을 공부하고 있어.

5. Did you go swimming ________ fishing? 너는 수영하러 갔어, 아니면 낚시하러 갔어?

6. He is sleepy, ________ he is going to bed now.
   그는 졸려서 이제 자러 갈 거야.

7. I am Suzi, ________ this is my little brother, Minho.
   나는 수지고, 얘는 내 남동생 민호야.

8. I can't play the guitar, ________ I can play the piano.
   나는 기타를 칠 수 없지만, 피아노는 칠 수 있어.

9. I had eggs ________ bacon for breakfast.
   나는 계란과 베이컨을 아침으로 먹었어.

10. Junwoo woke up late, ________ he missed the bus.
    준우는 늦게 일어나서 버스를 놓쳤어.

11. I feel good ________ tired. 나는 기분이 좋지만 피곤해.

정답과 해설 p.2

UNIT

'명령문, and'와 '명령문, or'

02 Study hard, and you will get a high score.

❖ POiNT 1 ❖

명령문, and ~

명령문 뒤에 접속사 'and'가 오면 '~해라, 그러면 ~할 것이다'라는 뜻이 돼요!

Study hard, and you will get a high score.
열심히 공부해라, 그러면 너는 높은 점수를 받을 거야.

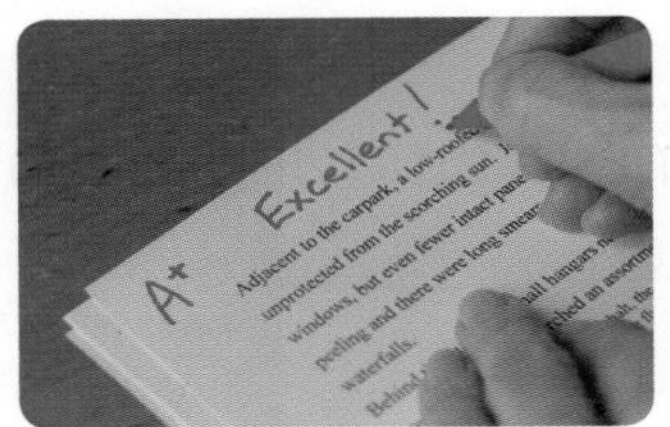

Have breakfast, and you will get healthier.
아침을 먹어, 그러면 너는 더 건강해질 거야.

❖ POiNT 2 ❖

명령문, or ~

명령문 뒤에 접속사 'or'가 오면 '~해라, 그렇지 않으면 ~할 것이다'라는 뜻이 돼요!

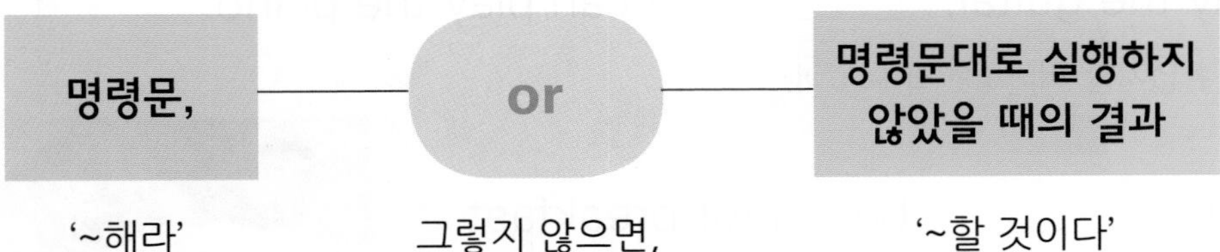

Study hard, or you will get a poor score.
열심히 공부해, 그렇지 않으면 너는 안 좋은 점수를 받을 거야.

Have breakfast, or you will get hungry.
아침을 먹어라, 그렇지 않으면 너는 배고파질 거야.

Check and Write

A 다음을 읽고 밑줄 친 부분에 대한 해석으로 알맞은 것을 고르세요.

1. Eat lunch, <u>or</u> you will be hungry.

   그러면 / 그렇지 않으면

2. Go to see a doctor, <u>and</u> you will get better.

   그러면 / 그렇지 않으면

3. Go to sleep early, <u>or</u> you will be tired tomorrow.

   그러면 / 그렇지 않으면

B and와 or 중 적절한 것을 골라 빈칸을 채워보세요.

1. Be quiet, [or] the baby will wake up.

   조용히 해, 그렇지 않으면 아기가 깰 거야.

2. Hurry up, [ ] you will not be late for school.

   서둘러, 그러면 너는 학교에 지각하지 않을 거야.

3. Wake up, [ ] you will be late.

   일어나, 그렇지 않으면 너는 늦을 거야.

4. Brush your teeth, [ ] you will get a toothache.

   너의 이를 닦아, 그렇지 않으면 너는 치통이 생길 거야.

정답과 해설 p.2

Practice 1 접속사의 쓰임을 익혀 보아요.

다음 문장을 읽고 알맞은 단어를 보기에서 골라 빈칸에 넣어 보세요. (중복 사용 가능)

A I am hungry.

보기 and but or so

1. There are some bread ___and___ oranges on the table.
   테이블 위에 약간의 빵과 오렌지가 있어.
2. I am hungry, ________ I will eat some bread.
   나는 배가 고파서 빵을 조금 먹을 거야.
3. I had lunch, ________ I am still hungry.
   나는 점심을 먹었지만, 아직 배가 고파.
4. I want some milk ________ bread. 나는 약간의 우유와 빵을 원해.
5. I can't cook, ________ I can do the dishes.
   나는 요리를 할 수 없지만 설거지를 할 수 있어.
6. Sihu drank some milk, ________ he went to bed.
   시후는 우유를 조금 마셨고, 자러 갔어.
7. I will clean my room ________ wash the dishes.
   나는 내 방을 청소하거나 설거지를 할 거야.

B Where is the post office?

보기 and or

1. Look at the map, ________ you will get lost. (*get lost: 길을 잃다)
   지도를 봐, 그렇지 않으면 너는 길을 잃을 거야.
2. Go straight, ________ you will see a church.
   쭉 가, 그러면 교회가 보일 거야.
3. Turn left, ________ you will arrive at the post office.
   왼쪽으로 돌아라, 그러면 너는 우체국에 도착할 거야.

정답과 해설 p.2

C School life

보기 and but or so

1. Get up early, __________ you will miss the bus.
   일찍 일어나, 그렇지 않으면 너는 버스를 놓칠 거야.

2. Hurry up, __________ you will not be late.
   서둘러, 그러면 너는 늦지 않을 거야.

3. I got up late, __________ I have to hurry up.
   나는 늦게 일어나서 서둘러야 해.

4. I have an exam, __________ I have to study.
   나는 시험이 하나 있어서 공부를 해야 해.

5. I studied hard, __________ I didn't pass the test.
   나는 열심히 공부를 했지만 그 시험을 통과하지 못했어.

D In the morning

보기 and or

1. Get up early, __________ you can have breakfast.
   일찍 일어나, 그러면 너는 아침을 먹을 수 있어.

2. Have breakfast, __________ you will be hungry.
   아침을 먹어, 그렇지 않으면 너는 배고플 거야.

3. Brush your teeth, __________ you will get a toothache.
   너의 이를 닦아, 그렇지 않으면 너는 이가 아플 거야.

4. Hurry up, __________ you can't take the bus.
   서둘러, 그렇지 않으면 너는 버스를 탈 수 없어.

5. Run, __________ you will not be late.
   뛰어, 그러면 너는 늦지 않을 거야.

정답과 해설 p.2

Practice 2 접속사가 쓰인 문장을 완성해 보아요.

다음 우리말 뜻과 같도록 주어진 표현을 순서에 맞게 배열하여 문장을 완성하세요.

1. (you will catch a cold, or, Don't eat ice cream too often).
아이스크림을 너무 자주 먹지 마, 그렇지 않으면 너는 감기에 걸릴 거야.

➔ Don't eat ice cream too often, or you will catch a cold.

2. (but, he doesn't drink coffee, He drinks a lot of milk).
그는 우유를 많이 마시지만 커피는 마시지 않아.

➔ ________________.

3. (or, Wear a muffler, you will catch a cold).
목도리를 해라, 그렇지 않으면 감기에 걸릴 거야.

➔ ________________.

4. (she will forgive you, and, Be honest). 정직해라, 그러면 그녀는 너를 용서할 거야.

➔ ________________.

5. (or, Be honest, she will be disappointed).
정직해라, 그렇지 않으면 그녀는 실망할 거야.

➔ ________________.

6. (We played games, sang songs together, and).
우리는 게임을 하고, 함께 노래를 불렀어.

➔ ________________.

정답과 해설 p.2

7. (I don't have a sister, I have a brother, but).

나는 남동생이 한 명 있지만 여동생은 없어.

➔ ____.

8. (so, I took an umbrella, It was raining outside).

밖에 비가 오고 있어서 나는 우산을 챙겼어.

➔ ______________________

______________________.

9. (and, Knock on the door, it will be opened).

문을 두드려라, 그러면 그것은 열릴 것이다.

➔ ______________________

______________________.

10. (and, Come to my birthday party, you'll have a great time).

내 생일파티에 와, 그러면 너는 즐거운 시간을 보내게 될 거야.

➔ ____.

11. (and, Push the button, the door will open). 버튼을 눌러라, 그러면 문이 열릴 거야.

➔ ____.

12. (She needed some help, I helped her, so).

그녀는 도움이 조금 필요해서 내가 그녀를 도왔어.

➔ ____.

13. (or, Finish your homework, you cannot play the games).

너의 숙제를 끝내라, 그렇지 않으면 너는 게임할 수 없어.

➔ ____.

정답과 해설 p.2

14. (and, you can finish it quickly, Focus on your work).

너의 일에 집중해라, 그러면 너는 그것을 빨리 끝낼 수 있어.

➔ ____.

15. (I will eat you, or, Give me something to eat)!

나에게 먹을 무언가를 줘, 그렇지 않으면 나는 너를 잡아먹을 거야! [해와 달이 된 오누이]

➔ ____!

16. (wash the dishes, I will clean my room, or).

나는 내 방을 청소하거나 설거지를 할 거야.

➔ ______________________

______________________.

17. (or, you will miss the bus, Leave now).

지금 떠나라, 그렇지 않으면 너는 버스를 놓칠 것이다.

➔ ______________________

______________________.

18. (Work hard, you will fail, or).

열심히 일해라, 그렇지 않으면 너는 실패할 거야. [코난 오브라이언]

➔ ____.

19. (you will have to run tomorrow, Walk today, or).

오늘 걸어라, 그렇지 않으면 너는 내일 뛰어야 할 것이다.

➔ ____.

20. (and, Be kind, you will have many friends).

친절해라, 그러면 너는 많은 친구들이 생길 것이다.

➔ ____.

정답과 해설 p.2

Practice 3 접속사를 써서 문장을 완성해 보아요.

우리말 뜻을 참고하여 주어진 표현을 사용해 문장을 완성하세요.

1. (his friend is singing)
그는 기타를 치고 있고, 그의 친구는 노래를 부르고 있어.

➔ He is playing the guitar, and his friend is singing ______________.

2. (in the kitchen)
엄마는 거실이나 부엌에 계실 것 같아.

➔ Mom may be in the living room ______________ ______________.

3. (can't sleep) 조용히 해라, 그렇지 않으면 아기가 잘 수 없어.
➔ Be quiet, ______________.

4. (went to bed early) 나는 피곤해서 일찍 잤어.
➔ I was tired, ______________.

5. (will be healthy) 매일 운동해, 그러면 너는 건강해질 거야.
➔ Exercise every day, ______________.

6. (is hungry) 수지는 아침을 먹지 않아서 배가 고파.
➔ Suzy didn't have breakfast, ______________.

7. (will feel fresh) 씻어라, 그러면 너는 상쾌한 기분이 들거야.
➔ Wash, ______________.

정답과 해설 p.2

8. (everything will be fine)

웃어라, 그러면 모든 것이 좋아질 거야.

➔ Laugh, ____________

______________________.

9. (the weather is hot)

여름이라서 날씨가 더워.

➔ It is summer,

______________________.

10. (will get hurt) 조심해라, 그렇지 않으면 너는 다칠 거야.

➔ Be careful, ______________________________.

11. (doesn't like) 그는 그녀를 좋아하지만 그녀는 그를 좋아하지 않아.

➔ He likes her, ______________________________.

12. (will be angry) 네 방을 치워라, 그렇지 않으면 너의 엄마가 화내실 거야.

➔ Clean your room, ______________________________.

13. (you'll be healthy)

아빠, 담배 피우지 마세요, 그러면 건강해질 거예요.

➔ Dad, don't smoke,

______________________.

14. (the door will open)

그 버튼을 눌러, 그러면 그 문이 열릴 거야.

➔ Push the button,

______________________.

정답과 해설 p.2

15. (Japanese) 너는 중국인이야, 아니면 일본인이야?

→ Are you Chinese ______________________________?

16. (can't swim)

나는 수영할 수 있지만 그녀는 수영을 못해.

→ I can swim,

____

______________________________.

17. (didn't win)

우리는 열심히 노력했지만 우리는 이기지 못했어.

→ We tried hard,

____

______________________________.

18. (will forget it soon) 그것을 적어놔, 그렇지 않으면 너는 그것을 곧 잊어버릴 거야.

→ Write it down, ______________________________.

19. (don't have to memorize it)

그것을 적어놔, 그러면 너는 그것을 외울 필요가 없어.

→ Write it down,

____

______________________________.

20. (will hear the sound)

여기로 와, 그러면 너는 그 소리를 듣게 될 거야.

→ Come over here,

____

______________________________.

정답과 해설 p.2

Let's Practice More!

SET 01

학습목표 1 | **다양한 접속사 표현을 연습해 보아요.** 공부한 날 : 맞은 개수 : /12개

다음 문장을 읽고 밑줄 친 부분의 우리말 해석으로 올바른 것을 고르세요.

01. I am hungry, <u>so</u> I will eat some bread. (그래서 / 또는)

02. I had lunch, <u>but</u> I am still hungry. (하지만 / 그렇지 않으면)

03. I will clean my room <u>or</u> wash the dishes. (그래서 / 아니면)

04. Turn left, <u>and</u> you will see the post office. (하지만 / 그러면)

05. Get up early, <u>or</u> you will miss the bus. (그리고 / 그렇지 않으면)

06. Hurry up, <u>and</u> you will not be late. (하지만 / 그러면)

07. I got up late, <u>so</u> I have to hurry up. (그래서 / 아니면)

08. I studied hard, <u>but</u> I didn't pass the test. (또는 / 하지만)

09. Get up early, <u>and</u> you can have breakfast. (그러면 / 또는)

10. Brush your teeth, <u>or</u> you will get a toothache. (그래서 / 그렇지 않으면)

11. We played games <u>and</u> sang songs after lunch. (그리고 / 그러면)

12. He must be eight <u>or</u> nine years old. (아니면 / 그리고)

정답과 해설 p.2

Let's Practice More!

SET 02

학습목표 1 | 다양한 접속사 표현을 연습해 보아요. 공부한 날 : 맞은 개수 : /14개

다음 문장을 읽고 ( ) 안의 단어 중 맞는 것에 동그라미 하세요.

01. I have an exam, (so / or) I have to study.

02. Have breakfast, (but / or) you will be hungry.

03. Hurry up, (but / or) you can't take the bus.

04. Run, (so / and) you will not be late.

05. I have a brother, (but / or) I don't have a sister.

06. Come to my birthday party, (so / and) you'll have a great time.

07. Be honest, (but / or) she will be disappointed.

08. She needed some help, (so / but) I helped her.

09. Finish your homework, (but / or) you cannot play the games.

10. It was raining outside, (so / or) I took an umbrella.

11. They drink a lot of milk, (but / or) they don't drink coffee.

12. I will clean my room (but / or) wash the dishes.

13. Give me something to eat, (but / or) I will eat you!

14. Knock on the door, (so / and) it will be opened.

정답과 해설 p.2

Let's Practice More!

SET 03

학습목표 1 | 다양한 접속사 표현을 연습해 보아요.　　공부한 날 :　　맞은 개수 :　　/14개

다음 우리말 뜻과 같도록 and, but, or, so 중 적절한 것을 골라 빈칸에 쓰세요.

01. Focus on your work, ___and___ you can finish it quickly.
너의 일에 집중해라, 그러면 너는 그것을 빨리 끝낼 수 있어.

02. We tried hard, __________ we didn't win.
우리는 열심히 노력했지만 우리는 이기지 못했어.

03. Be kind, __________ you will have many friends.
친절해라, 그러면 너는 많은 친구들이 생길 것이다.

04. Leave now, __________ you will miss the bus.
지금 떠나라, 그렇지 않으면 너는 버스를 놓칠 것이다.

05. I was tired, __________ I went to bed early. 나는 피곤해서 일찍 잤어.

06. Be quiet, __________ the baby can't sleep. 조용히 해라, 그렇지 않으면 아기가 잘 수 없어.

07. Exercise every day, __________ you will be healthy.
매일 운동해, 그러면 너는 건강해질 거야.

08. I can swim, __________ she can't swim.
나는 수영할 수 있지만 그녀는 수영을 못해.

09. He likes her, __________ she doesn't like him.
그는 그녀를 좋아하지만 그녀는 그를 좋아하지 않아.

10. Clean your room, __________ your mom will be angry.
네 방을 치워라, 그렇지 않으면 너의 엄마가 화내실 거야.

11. Laugh, __________ everything will be fine.
웃어라, 그러면 모든 것이 좋아질 거야.

12. It is summer, __________ the weather is hot.
여름이라서 날씨가 더워.

13. Be careful, __________ you will get hurt. 조심해라, 그렇지 않으면 너는 다칠 거야.

14. Are you Chinese __________ Japanese? 너는 중국인이야, 아니면 일본인이야?

정답과 해설 p.2

Let's Practice More!

SET 04

학습목표 2 | '명령문, and ~'와 '명령문, or ~' 표현을 더 연습해 보아요. 공부한 날 : 맞은 개수 : /12개

 다음 문장을 읽고 ( ) 안에서 맞는 것을 고르세요.

01. Push the button, (and / or) the door will open.

02. Dad, don't smoke, (and / or) you'll be healthy.

03. Write it down, (and / or) you will forget it soon.

04. Go straight, (and / or) you will see a church.

05. Run, (and / or) you will not be late.

06. Have breakfast, (and / or) you will be hungry.

07. Hurry up, (and / or) you will not be late.

08. Get up early, (and / or) you can have breakfast.

09. Brush your teeth, (and / or) you will get a toothache.

10. Hurry up, (and / or) you can't take the bus.

11. Don't eat ice cream too often, (and / or) you will catch a cold.

12. Get up early, (and / or) you will miss the bus.

정답과 해설 p.2

Let's Practice More!

SET 05

학습목표 2 | '명령문, and ~'와 '명령문, or ~' 표현을 더 연습해 보아요. 공부한 날 : 맞은 개수 : /14개

다음 문장을 읽고 빈칸에 and나 or 중 맞는 것을 쓰세요.

01. Wear a muffler, ___or___ you will catch a cold.

02. Be honest, ________ she will forgive you.

03. Hurry up, ________ you will be late.

04. Be honest, ________ she will be disappointed.

05. Push the button, ________ the door will open.

06. Finish your homework, ________ you cannot play the games.

07. Focus on your work, ________ you can finish it quickly.

08. Be kind, ________ you will have many friends.

09. Give me something to eat, ________ I will eat you!

10. Work hard, ________ you will fail.

11. Clean your room, ________ your mom will be angry.

12. Exercise every day, ________ you will be healthy.

13. Wash, ________ you will feel fresh.

14. Walk today, ________ you will have to run tomorrow.

정답과 해설 p.2

Let's Practice More!

SET 06

학습목표 2 | '명령문, and ~'와 '명령문, or ~' 표현을 더 연습해 보아요. 공부한 날 : 맞은 개수 : /14개

다음 문장을 읽고 밑줄 친 부분이 맞으면 ○표, 틀리면 ×표 하세요.

01.

Clean your room, <u>or</u> your mom will be angry. → ○

02.

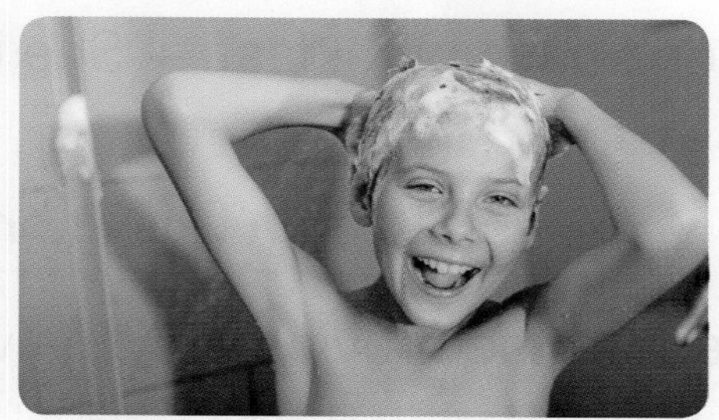

Wash, <u>or</u> you will feel fresh. → ______

03. Be careful, <u>and</u> you will get hurt. → ______

04. Be quiet, <u>and</u> the baby can't sleep. → ______

05. Dad, don't smoke, <u>or</u> you'll be healthy. → ______

06. Write it down, <u>or</u> you will forget it soon. → ______

07. Be honest, <u>or</u> she will forgive you. → ______

08. Go straight, <u>and</u> you will arrive at school. → ______

09. Don't eat ice cream too often, <u>and</u> you will catch a cold. → ______

10. Turn left, <u>and</u> you will see the post office. → ______

11. Work hard, <u>or</u> you will fail. → ______

12. Walk today, <u>and</u> you will have to run tomorrow. → ______

13.

Push the button, <u>and</u> the door will open. → ______

14.

Laugh, <u>and</u> everything will be fine. → ______

정답과 해설 p.3

Let's Practice More!

SET 07

학습목표 3 | 접속사와 명령문을 이용해서 다양한 표현을 만들어 보세요. 공부한 날 : 맞은 개수 : /20개

and, but, or, so 중 알맞은 접속사를 써서 다음 두 문장을 한 문장으로 만들어 보세요.

01. Suzy didn't have breakfast. + She is hungry.

수지는 아침을 먹지 않았다. + 그녀는 배고프다.

➜ Suzy didn't have breakfast, so she is hungry.

02. Sihu went to the movies. + Mina went to the movies.

시후는 영화를 보러 갔다. + 미나는 영화를 보러 갔다.

➜ ______________________________.

03. There are some apples on the table. + There are some oranges on the table.

탁자 위에 약간의 사과가 있다. + 탁자 위에 약간의 오렌지가 있다.

➜ ______________________________.

04. I can't cook. + I can do the dishes.

나는 요리를 할 수 없다. + 나는 설거지를 할 수 있다.

➜ ______________________________.

05. Sihu drank some milk. + He went to bed.

시후는 우유를 좀 마셨다. + 그는 자러 갔다.

➜ ______________________________.

06. It is summer. + The weather is hot. 여름이다. + 날씨가 덥다.

➜ ______________________________.

07. I studied hard. + I didn't pass the test.

나는 열심히 공부를 했다. + 나는 그 시험을 통과하지 못했다.

➜ ______________________________.

08. Mom may be in the living room. + Mom may be in the kitchen.

엄마는 거실에 계실지도 모른다. + 엄마는 부엌에 계실지도 모른다.

➜ ______________________________.

09. We played games. + We sang songs together.

우리는 게임을 했다. + 우리는 함께 노래를 불렀다.

➜ ______________________________.

정답과 해설 p.3

10. I am hungry. + I will eat some bread. 나는 배고프다. + 나는 빵을 좀 먹을 것이다.

➔ ______________________________.

11. They drink a lot of milk. + They don't drink coffee.

그들은 우유를 많이 마신다. + 그들은 커피를 마시지 않는다.

➔ ______________________________.

12. Are you Chinese? + Are you Japanese? 너는 중국인이니? + 너는 일본인이니?

➔ ______________________________?

13. I got up late. + I have to hurry up.

나는 늦게 일어났다. + 나는 서둘러야 한다.

➔ ______________________________.

14. He must be eight years old. + He must be nine years old.

그는 여덟 살임이 틀림 없다. + 그는 아홉 살임이 틀림 없다.

➔ ______________________________.

15. He likes her. + She doesn't like him. 그는 그녀를 좋아한다. + 그녀는 그를 좋아하지 않는다.

➔ ______________________________.

16. I was tired. + I went to bed early. 나는 피곤했다. + 나는 일찍 잤다.

➔ ______________________________.

17. It was raining outside. + I took an umbrella.

밖에 비가 오고 있었다. + 나는 우산을 가지고 갔다.

➔ ______________________________.

18. I had lunch. + I am still hungry. 나는 점심을 먹었다. + 나는 여전히 배고프다.

➔ ______________________________.

19. I can swim. + She can't swim. 나는 수영을 할 수 있다. + 그녀는 수영을 못한다.

➔ ______________________________.

20. I have an exam. + I have to study. 나는 시험이 있다. + 나는 공부를 해야 한다.

➔ ______________________________.

정답과 해설 p.3

Let's Practice More!

SET 08

학습목표 3 | **접속사와 명령문을 이용해서 다양한 표현을 만들어 보세요.** 공부한 날 : 맞은 개수 : /20개

and나 or 중 알맞은 접속사를 써서 다음 두 문장을 한 문장으로 만들어 보세요.

01. Clean your room. + You can't take a rest. 너의 방을 치워라. + 너는 휴식을 취할 수 없다.

➔ Clean your room, or you can't take a rest.

02. Wear a muffler. + You will catch a cold.

목도리를 해라. + 너는 감기에 걸릴 것이다.

➔ ______________________.

03. Come over here. + You will hear the sound.

여기로 와라. + 너는 그 소리를 들을 것이다.

➔ ______________________.

04. Give me something to eat. + I will eat you!

나에게 먹을 것을 주어라. + 나는 너를 먹을 것이다!

➔ ______________________!

05. Write it down. + You don't have to memorize it.

그것을 받아 적어라. + 너는 그것을 외울 필요가 없다.

➔ ______________________.

06. Work hard. + You will fail. 열심히 일해라. + 너는 실패할 것이다.

➔ ______________________.

07. Come to my birthday party. + You'll have a great time.

내 생일 파티에 와라. + 너는 좋은 시간을 보낼 것이다.

➔ ______________________.

08. Go straight. + You will see a church. 곧장 가라. + 너는 교회를 볼 것이다.

➔ ______________________.

09. Walk today. + You will have to run tomorrow.

오늘 걸어라. + 너는 내일 뛰어야 할 것이다.

➔ ______________________.

정답과 해설 p.3

10. Leave now. + You will miss the bus. 지금 떠나라. + 너는 버스를 놓칠 것이다.

➔ ____.

11. Push the button. + The door will open. 그 버튼을 눌러라. + 그 문은 열릴 것이다.

➔ ____.

12. Dad, don't smoke. + You'll be healthy. 아빠, 담배 피우지 마세요. + 당신(아빠)은 건강해지실 거예요.

➔ ____.

13. Be quiet. + The baby can't sleep.
조용히 해라. + 아기는 잘 수 없다.

➔ ______________________________.

14. Clean your room. + Your mom will be angry. 네 방을 치워라. + 너의 엄마가 화내실 것이다.

➔ ____.

15. Turn left. + You will see the post office. 왼쪽으로 돌아라. + 너는 우체국을 볼 것이다.

➔ ____.

16. Go straight. + You will arrive at school. 곧장 가라. + 너는 학교에 도착할 것이다.

➔ ____.

17. Hurry up. + You will not be late. 서둘러라. + 너는 늦지 않을 것이다.

➔ ____.

18. Get up early. + You can have breakfast. 일찍 일어나라. + 너는 아침을 먹을 수 있다.

➔ ____.

19. Be careful. + You will get hurt. 조심해라. + 너는 다칠 것이다.

➔ ____.

20. Run. + You will not be late. 뛰어라. + 너는 늦지 않을 것이다.

➔ ____.

정답과 해설 p.3

UNIT 03 I brush my teeth after I finish dinner.

when/after/before

접속사는 단어와 단어, 문장과 문장을 연결하는 접착제 역할을 해요.
주인이 되는 문장(주절) 뒤에 접속사를 쓴 문장(종속절)을 붙여 하나의 문장으로 만들 수 있어요.

❖ POiNT 1 ❖

when ~할 때

I like to play computer games. + I am free.
나는 컴퓨터 게임을 하는 것을 좋아해. 나는 한가해.

I like to play computer games when I am free.
나는 한가할 때 컴퓨터 게임을 하는 것을 좋아해.

after ~한 후에

I brush my teeth. + I finish dinner.
나는 이를 닦아. 나는 저녁 식사를 마쳐.

I brush my teeth after I finish dinner.
나는 저녁 식사를 마친 후에 이를 닦아.

before ~하기 전에

Finish your homework. + You watch TV.
너의 숙제를 끝내렴. 너는 TV를 봐.

Finish your homework before you watch TV.
너는 TV를 보기 전에 너의 숙제를 끝내렴.

❖ POiNT 2 ❖

시간의 접속사가 쓰인 종속절 문장을 주절 앞으로 옮길 수 있어요.
단, 이때는 종속절 뒤에 쉼표(,)를 꼭 붙여줘야 해요.

When I am free, I like to play computer games.
나는 한가할 때, 컴퓨터 게임을 하는 것을 좋아해.

Check and Write

우리말 뜻을 참고하여 when, after, before 중 알맞은 단어를 빈칸에 쓰세요.

1. I read a book [before] I go to sleep.
   나는 잠자기 전에 책을 읽어.

2. Dad came home [ ] I fell asleep.
   내가 잠든 후에 아빠가 집에 오셨어.

3. [ ] it rains, I put on a raincoat.
   비가 올 때, 나는 우비를 입어.

4. The rain stopped [ ] school was over.
   학교가 끝났을 때 비가 그쳤어.

정답과 해설 p.3

UNIT

04 If you study hard, you will pass the exam.

because/if

❖ POiNT 1 ❖

because (왜냐하면) ~하기 때문에

원인이나 이유를 말할 때 사용해요.

원인 문장 / 결과 문장

Mom drank too much coffee. + She couldn't sleep.

Mom couldn't sleep (결과) because she drank too much coffee (원인).

커피를 너무 많이 마셔서 엄마는 잠을 잘 수 없었어.

because는 뒤에 나오는 원인 문장과 함께 문장 맨 앞으로 갈 수 있어요.
이때는 다음과 같이 원인 문장 뒤에 쉼표(,)를 붙여 줘요.

Because mom drank too much coffee (원인), she couldn't sleep (결과).

※ because of 뒤에는 명사가 와요!

I couldn't sleep because of the noise.

나는 그 소음 때문에 잠을 못 잤어.

❖ POiNT 2 ❖

if 만약 ~하면

조건을 걸 때 쓰여요.

조건 문장 / 결과문장

You study hard. +You will pass the exam.

You will pass the exam (결과) if you study hard (조건).

네가 열심히 공부하면 시험에 합격할 거야.

if와 조건 문장이 문장 맨 앞으로 오면 조건 문장 뒤에 쉼표(,)를 붙여줘요.

If you study hard (조건), you will pass the exam (결과).

Check and Write

우리말 뜻을 참고하여 because, if 중 알맞은 단어를 빈칸에 쓰세요.

1. I didn't eat dinner [because] I was full.
나는 배가 불러서 저녁을 먹지 않았어.

2. [ ] you want to pass the exam, study hard.
네가 시험을 통과하고 싶다면, 열심히 공부하렴.

3. [ ] it snowed so much, we couldn't go outside.
눈이 너무 많이 왔기 때문에, 우리는 밖에 나갈 수 없었어.

4. She watches TV [ ] she finishes her homework early.
그녀는 숙제를 일찍 끝내면 TV를 본다.

정답과 해설 p.3

Practice 1 알맞은 접속사의 쓰임을 익혀 보아요.

다음 문장에 알맞은 표현을 보기에서 골라 빈칸에 넣어 보세요. (단, 한 번 쓴 말은 또 쓸 수 있어요.)

A At school

보기 when after before because

1. ___Before___ it started to rain, we entered the classroom.
비가 오기 시작하기 전에, 우리는 교실로 들어갔어.

2. We ran fast ________ we didn't have umbrellas.
우리는 우산이 없었기 때문에 빨리 뛰어갔어.

3. ________ we finished lunch, we went back to our classroom.
점심 식사를 마치고 난 후에, 우리는 교실로 돌아갔어.

4. We can't leave the classroom ________ class is finished.
우리는 수업이 끝나기 전에 교실을 떠날 수 없어.

5. ________ school was over, the children ran into the playground.
학교가 끝났을 때, 아이들은 운동장으로 달려갔어. (*be over: 끝나다)

B At home

보기 because when after before

1. I couldn't see my dog ________ I got home.
내가 집에 왔을 때 나는 나의 개를 볼 수 없었어.

2. ________ I found my dog, he was sleeping under my bed.
내가 나의 개를 찾았을 때, 그(개)는 내 침대 밑에서 자고 있었어.

3. I finished my homework ________ I watched TV.
나는 TV를 보기 전에 숙제를 끝냈어.

정답과 해설 p.3

4. My brother played soccer ______________ he finished his homework.
나의 형은 숙제를 끝낸 후에 축구를 했어.

5. My sister went to sleep early ______________ she was sick.
나의 누나는 아팠기 때문에 일찍 잠자리에 들었어.

C I can't sleep!

보기 when after before if because

1. ______________ I got home, my mom was cooking dinner.
내가 집에 왔을 때, 나의 엄마는 저녁을 요리하고 계셨어.

2. ______________ I had dinner, I ate some fruit.
저녁을 먹기 전에, 나는 과일을 좀 먹었어.

3. ______________ I was full, I didn't eat dinner.
나는 배불렀기 때문에, 저녁을 먹지 않았어.

4. My mom said, "Brush your teeth ______________ you have dinner."
나의 엄마가 말씀하셨다, "저녁을 먹고 나서 양치를 하렴."

5. ______________ I went to bed, I was hungry.
잠자리에 들었을 때, 나는 배고팠어.

6. I was hungry ______________ I didn't have dinner.
나는 저녁을 먹지 않았기 때문에 배가 고팠어.

7. ______________ you are hungry, you can't fall asleep. (*fall asleep: 잠들다)
만약 네가 배가 고프다면, 넌 잠들 수 없어.

8. ______________ I drank some milk, I could fall asleep.
우유를 좀 마시고 나서, 나는 잠들 수 있었어.

9. ______________ I fell asleep late last night, I got up late today.
나는 어젯밤에 늦게 잠들었기 때문에, 오늘 늦게 일어났어.

정답과 해설 p.3

Practice 2 접속사를 써서 문장을 완성해 보아요.

다음 우리말 뜻과 같도록 주어진 표현을 순서에 맞게 배열하여 문장을 완성하세요.

1. You can go (fill this jar with water, you, after).
   네가 이 항아리를 물로 채우고 난 후에 (너는) 갈 수 있어. (*fill A with B : A를 B로 채우다)
   ➔ You can go after you fill this jar with water.

2. (win, If, you), you are the strongest. 네가 이기면, 네가 제일 강한 거야.
   ➔ ______________________, you are the strongest.

3. (I, win, If), I am the strongest. 내가 이기면, 내가 제일 강한 거야.
   ➔ ______________________, I am the strongest.

4. I'm only brave (have to be brave, when, I).
   나는 오직 내가 용감해야 할 때만 용감해.
   ➔ I'm only brave ______________________.

5. (miss, you, him, If), why don't you call him?
   당신이 그를 그리워한다면, 그에게 전화하면 어때요?
   ➔ ______________________, why don't you call him?

6. Do not interrupt me (I'm, when, taking a nap). (*interrupt: 방해하다)
   내가 낮잠을 자고 있을 때는 나를 방해하지 마.
   ➔ Do not interrupt me ______________________.

7. She is hungry (she, because, didn't have breakfast).
   그녀는 아침을 먹지 않았기 때문에 배가 고파.
   ➔ She is hungry ______________________.

정답과 해설 p.3

8. People make bad choices (they're, if, mad).
사람들은 그들이 화나면 안 좋은 선택을 해.

➜ People make bad choices ______________________.

9. You must not judge people (you, before, know them).
네가 그들을 알기 전에 (너는) 사람들을 판단하면 안 돼. (*judge: 판단하다)

➜ You must not judge people ______________________.

10. (I, If, something, promise), I never break that promise.
내가 뭔가 약속하면, 난 절대 그 약속을 깨지(어기지) 않아.

➜ ______________________, I never break that promise.

11. They try to protect you (love you, they, because). (*protect: 보호하다)
그들은 너를 사랑하기 때문에 너를 보호하려고 하는 거야.

➜ They try to protect you ______________________.

12. She always goes to sleep (she, after, brushes her teeth).
그녀는 언제나 양치를 하고 난 후 잠자리에 든다.

➜ She always goes to sleep ______________________.

13. (If, can dream it, you), you can do it.
네가 그것을 꿈꿀 수 있다면, 너는 그것을 할 수 있다.

➜ ______________________, you can do it.

14. (you, If, don't try), you'll never know.
만약 네가 시도하지 않는다면, 너는 절대로 알 수 없을 거야.

➜ ______________________, you'll never know.

정답과 해설 p.3

15. (want to be healthy, you, If), you must exercise.
만약 네가 건강하고 싶다면, 너는 운동을 해야 해.

➔ ______________________________, you must exercise.

16. You must clean the kitchen (you, after, use it).
너는 부엌을 사용한 후에 청소해야 해.

➔ You must clean the kitchen ______________________________.

17. Please tell me (go outside, before, you).
네가 밖에 나가기 전에 나에게 말해주렴.

➔ Please tell me ______________________________.

18. Dad sings (he, cooks, when).
아빠는 요리하실 때 노래를 부르신다.

➔ Dad sings ______________________________.

19. I go to the movies on weekends (I, because, like movies).
나는 영화를 좋아해서 주말마다 영화를 보러 간다.

➔ I go to the movies on weekends ______________________________.

20. (his mom, When, is busy), Sihu washes the dishes.
그의 엄마가 바쁘실 때, 시후가 설거지를 한다.

➔ ______________________________,
Sihu washes the dishes.

정답과 해설 p.4

Practice 3 알맞은 접속사를 써서 완전한 문장을 써 보아요.

우리말 뜻을 참고하여 주어진 표현을 활용해 문장을 완성하세요.

1. (be tired)
   내가 피곤할 때, 나는 잠을 자.

→ When I am tired ______________________, I sleep.

2. (the rain stops)
   너는 비가 그친 후에 무지개를 볼 수 있어.

→ You can see the rainbow ______________________.

3. (be older) 내가 더 나이가 들었을 때, 나는 비행기를 살 거야.
   → ______________________, I will buy an airplane.

4. (finished my homework) 나는 숙제를 끝내고 나서 TV를 봤어.
   → I watched TV ______________________.

5. (hit) 네가 그를 때려서 그가 너에게 화가 났어.
   → He is mad at you ______________________.

6. (want to tell me now) 만약 네가 지금 나에게 말하고 싶지 않다면, 나는 기다릴 거야.
   → ______________________, I will wait.

7. (be little) 내가 어렸을 때, 나는 내 생일 선물로 자전거 하나를 원했어.
   → ______________________, I wanted a bicycle for my birthday.

정답과 해설 p.4

8. (it snows)

눈이 오면, 우리는 눈사람을 만들 거야.

➔ ______________________,

we will build a snowman.

9. (it gets cold)

날씨가 추워지기 전에 집으로 가.

➔ Go home

______________________.

10. (just wait) 우리가 그냥 기다리기만 한다면 변화는 오지 않을 거야.

➔ Changes will not come ______________________.

11. (my mom, changed her mind) 엄마가 그녀의 마음을 바꾸기 전에 나는 시후의 집으로 갔어.

➔ I went to Sihu's house ______________________.

12. (got a call from my mom) 엄마의 전화를 받고 나서 나는 집으로 갔어.

➔ I went home ______________________.

13. (have dinner)

너는 저녁을 먹기 전에 손을 씻어야 해.

➔ You must wash your hands

____

______________________.

14. (want to go out with your friends)

네가 친구들과 놀고 싶다면, 그렇게 해도 돼.

➔ ______________________

______________________,

you may do so.

정답과 해설 p.4

15. (want something) 네가 인생에서 무언가를 원할 때, 너는 그것을 얻으려고 노력해야 해.

➔ ______________________________ in life,

you have to try to get it.

16. (be young)

내가 어렸을 때, 나는 새처럼 날고 싶었어.

➔ ______________________

______________________,

I wanted to fly like a bird.

17. (the weather, is fine)

그녀는 날씨가 좋을 때 걸어서 학교에 간다.

➔ She walks to school on foot

____

______________________.

18. (see it) 만약 네가 그것을 다시 본다면, 그것을 만지지 마.

➔ ______________________________ again, don't touch it.

19. (really try)

네가 진짜로 노력한다면 너는 그것을 얻을 수 있어.

➔ You can get it

____

______________________.

20. (finish your homework)

너는 숙제를 끝내기 전에는 밖에 나갈 수 없어.

➔ You can't go outside

____

______________________.

정답과 해설 p.4

Let's Practice More!

SET 01

학습목표 1 | 시간의 접속사 표현을 연습해 보아요.　　공부한 날 :　　맞은 개수 :　　/12개

다음 우리말 해석을 보고 when, after, before 중 ( )에 들어갈 말로 적절한 것을 골라 써 보세요.

01. (Before) it started to rain, we entered the classroom.
비가 오기 시작하기 전에 우리는 교실로 들어갔어.

02. ( ) school was over, the children ran into the playground.
학교가 끝났을 때, 아이들은 운동장으로 달려갔어.

03. I couldn't see my dog ( ) I got home.
내가 집에 왔을 때 나는 나의 개를 볼 수 없었어.

04. My brother played soccer ( ) he finished his homework.
나의 형은 숙제를 끝낸 후에 축구를 했어.

05. ( ) I had dinner, I ate some fruit.
저녁을 먹기 전에, 나는 과일을 좀 먹었어.

06. ( ) I went to bed, I was hungry. 잠자리에 들었을 때, 나는 배고팠어.

07. ( ) I drank some milk, I could fall asleep.
우유를 좀 마시고 나서, 나는 잠들 수 있었어.

08. Do not interrupt me ( ) I'm taking a nap.
내가 낮잠을 자고 있을 때는 나를 방해하지 마.

09. He always goes to sleep ( ) he says good night to his parents.
그는 언제나 그의 부모님께 인사를 한 후에 잠자리에 든다.

10. You must clean the kitchen ( ) you use it. 너는 부엌을 사용한 후에 청소해야 해.

11. Please tell me ( ) you go outside. 네가 밖에 나가기 전에 나에게 말해주렴.

12. ( ) I am tired, I sleep. 내가 피곤할 때, 나는 잠을 자.

정답과 해설 p.4

Let's Practice More!

SET 02

학습목표 1 | 시간의 접속사 표현을 연습해 보아요.

공부한 날 : 맞은 개수 : /14개

다음 주어진 문장을 보기와 같이 시간의 접속사가 맨 앞에 오도록 바꾸어 보세요.

보기 I like to play computer games when I am free.
나는 한가할 때, 컴퓨터 게임을 하는 것을 좋아해.
➔ When I am free, I like to play computer games.

01. I will buy an airplane when I am older.
내가 더 나이가 들었을 때 나는 비행기를 살 거야.
➔ ______________________.

02. I watched TV after I finished my homework.
나는 숙제를 끝내고 나서 TV를 봤어.
➔ ______________________.

03. I wanted a bicycle for my birthday when I was little.
내가 어렸을 때 나는 내 생일 선물로 자전거 하나를 원했어.
➔ ______________________.

04. You must wash your hands before you have dinner.
너는 저녁을 먹기 전에 손을 씻어야 해.
➔ ______________________.

05. I went to Sihu's house before my mom changed her mind.
엄마가 그녀의 마음을 바꾸기 전에 나는 시후의 집으로 갔어.
➔ ______________________.

06. I went home after I got a call from my sister.
내 여동생의 전화를 받고 나서 나는 집으로 갔어.
➔ ______________________.

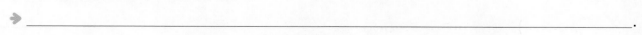

정답과 해설 p.4

07. I wanted to fly like a bird when I was young.

내가 어렸을 때 나는 새처럼 날고 싶었어.

➜ ____.

08. You can see the rainbow after the rain stops.

비가 그친 후에 너는 무지개를 볼 수 있다.

➜ ____.

09. You can't go outside before you finish your homework.

너는 숙제를 끝내기 전에는 밖에 나갈 수 없어.

➜ ____.

10. We went back to our classroom after we finished lunch.

점심 식사를 마치고 난 후에 우리는 교실로 돌아갔어.

➜ ____.

11. We can't leave the classroom before class is finished.

우리는 수업이 끝나기 전에 교실을 떠날 수 없어.

➜ ____.

12. My dog was sleeping under my bed when I found him.

내가 그(개)를 찾았을 때 나의 개는 내 침대 밑에서 자고 있었어.

➜ ____.

13. I finished my homework before I watched TV.

나는 TV를 보기 전에 숙제를 끝냈어.

➜ ____.

14. My mom was cooking dinner when I got home.

내가 집에 왔을 때 나의 엄마는 저녁을 요리하고 계셨어.

➜ ____.

정답과 해설 p.4

Let's Practice More!

SET 03

학습목표 1 | 시간의 접속사 표현을 연습해 보아요. 공부한 날 : 맞은 개수 : /14개

다음 우리말 해석을 보고 ( ) 안에서 알맞은 것을 고르세요.

01. We have to go to the store (before / after) it closes.
문을 닫기 전에 우리는 그 가게에 가야 해.

02. Go home (before / after) it gets cold. 날씨가 추워지기 전에 집으로 가.

03. Brush your teeth (before / after) you have dinner.
저녁을 먹고 나서 양치를 해.

04. You can go (before / after) you fill this jar with water.
네가 이 항아리를 물로 채우고 난 후에 (너는) 갈 수 있어.

05. You must not judge people (before / after) you know them.
네가 그들을 알기 전에 (너는) 사람들을 판단하면 안 돼.

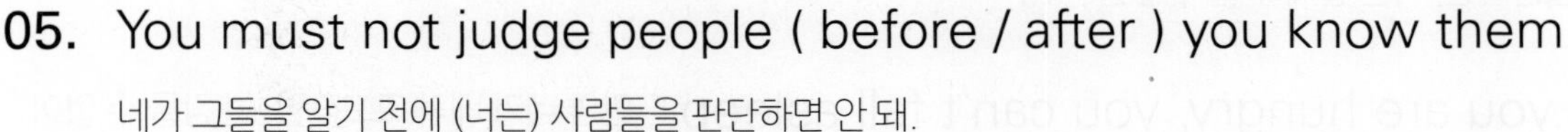

06. (Before / After) it rained, we entered the classroom.
비가 오고 난 후에, 우리는 교실로 들어갔어.

07. (Before / After) we finished lunch, we went to the classroom.
점심 식사를 마치고 난 후에, 우리는 교실에 갔어.

08. You can leave the classroom (before / after) class is finished.
넌 수업이 끝나고 난 후에 교실을 떠날 수 있어.

09. I finished my homework (before / after) I watched TV.
나는 TV를 보기 전에 숙제를 끝냈어.

10. (Before / After) I had dinner, I ate some fruit. 저녁을 먹은 후에, 나는 과일을 좀 먹었어.

11. (Before / After) I drank some milk, I could fall asleep.
우유를 좀 마시고 나서, 나는 잠들 수 있었어.

12. He always goes to sleep (before / after) he says good night to his dog.
그는 언제나 그의 개에게 인사를 하고 난 후에 잠자리에 든다.

13. You must clean the kitchen (before / after) you use it.
너는 부엌을 사용한 후에 청소해야 해.

14. Please tell me (before / after) you go outside. 네가 밖에 나가기 전에 나에게 말해주렴.

정답과 해설 p.4

Let's Practice More!

SET 04

학습목표 2 | 접속사 because와 if의 쓰임을 연습해 보아요. 공부한 날 : 맞은 개수 : /14개

다음 우리말 해석을 보고 because와 if 중 ( )에 들어갈 말로 적절한 것을 골라 써 보세요.

01. I couldn't sleep (because) I drank too much coffee.
나는 너무 많은 커피를 마셨기 때문에 잠을 잘 수가 없었어.

02. My sister went to sleep early ( ) she was sick.
나의 누나는 아팠기 때문에 일찍 잠자리에 들었어.

03. ( ) I was full, I didn't eat dinner. 나는 배불렀기 때문에, 저녁을 먹지 않았어.

04. ( ) you don't try, you'll never know.
만약 네가 시도하지 않는다면, 너는 절대로 알 수 없을 거야.

05. ( ) you are hungry, you can't fall asleep. 만약 네가 배가 고프다면, 넌 잠들 수 없어.

06. They try to protect you ( ) they love you.
그들은 너를 사랑하기 때문에 너를 보호하려고 하는 거야.

07. ( ) you win, you are the strongest. 네가 이기면, 네가 제일 강한 거야.

08. He is mad at you ( ) you hit him. 네가 그를 때려서 그가 너에게 화가 났어.

09. She is hungry ( ) she didn't have breakfast.
그녀는 아침을 먹지 않았기 때문에 배가 고파.

10. ( ) I fell asleep late last night, I got up late today.
나는 어젯밤에 늦게 잠들었기 때문에, 오늘 늦게 일어났어.

11. ( ) you can dream it, you can do it. 네가 그것을 꿈꿀 수 있다면, 너는 그것을 할 수 있다.

12. I was hungry ( ) I didn't have dinner. 나는 저녁을 먹지 않았기 때문에 배가 고팠어.

13. I go to the movies on weekends ( ) I like movies.
나는 영화를 좋아해서 주말마다 영화를 보러 간다.

14. ( ) you want to be healthy, you must exercise.
만약 네가 건강하고 싶다면, 너는 운동을 해야 해.

정답과 해설 p.4

Let's Practice More!

SET 05

학습목표 2 | 접속사 because와 if의 쓰임을 연습해 보아요. 공부한 날 : 맞은 개수 : /14개

다음 우리말 해석을 보고 ( ) 안에서 맞는 것을 고르세요.

01. You will gain weight (because / if) you don't exercise.
네가 운동하지 않는다면 너는 살이 찔 거야.

02. (Because / If) you see it again, don't touch it. 만약 네가 그것을 다시 본다면, 그것을 만지지 마.

03. (Because / If) you want to go out with your friends, you may do so.
만약 네가 너의 친구들과 (놀러) 나가고 싶다면, 너는 그렇게 해도 돼.

04. He is mad at you (because / if) you hit him. 네가 그를 때려서 그가 너에게 화가 났어.

05. (Because / If) you don't want to tell me now, I will wait.
만약 네가 지금 나에게 말하고 싶지 않다면, 나는 기다릴 거야.

06. My sister went to sleep early (because / if) she was sick.
나의 누나는 아팠기 때문에 일찍 잠자리에 들었어.

07. (Because / If) I was full, I didn't eat dinner. 나는 배불렀기 때문에, 저녁을 먹지 않았어.

08. She watches TV (because / if) she finishes her homework early.
그녀는 숙제를 일찍 끝내면 TV를 본다.

09. (Because / If) you win, you are the strongest. 네가 이기면, 네가 제일 강한 거야.

10. She is hungry (because / if) she didn't have breakfast.
그녀는 아침을 먹지 않았기 때문에 배가 고파.

11. (Because / If) you miss him, why don't you call him?
당신이 그를 그리워한다면, 그에게 전화하면 어때요?

12. People make bad choices (because / if) they're mad.
사람들은 그들이 화나면 안 좋은 선택을 해.

13. They try to protect you (because / if) they love you.
그들은 너를 사랑하기 때문에 너를 보호하려고 하는 거야.

14. I go to the movies on weekends (because / if) I like movies.
나는 영화를 좋아해서 주말마다 영화를 보러 간다.

정답과 해설 p.4

Let's Practice More!

SET 06

학습목표 3 | **because와 because of의 쓰임을 구분해 보아요.** 공부한 날 : 맞은 개수 : /14개

다음 ( ) 안의 표현 중 알맞은 것에 동그라미 하세요.

1. Do not interrupt me (because / because of) I'm tired.

나는 피곤하니까 나를 방해하지 마.

2. He is angry (because / because of) you.

너 때문에 그는 화가 났어.

03. (Because of / Because) she didn't have an umbrella, she couldn't go outside.

그녀는 우산이 없었기 때문에, 밖으로 나갈 수 없었어.

04. My sister went to sleep early (because / because of) the cold. (*cold: 감기)

나의 누나는 감기 때문에 일찍 잠자리에 들었어.

05. I was hungry (because / because of) I didn't have dinner.

나는 저녁을 먹지 않았기 때문에 배가 고팠어.

06. (Because / Because of) I fell asleep late last night, I got up late today.

나는 어젯밤에 늦게 잠들었기 때문에, 오늘 늦게 일어났어.

정답과 해설 p.4

07. She is hungry (because / because of) she didn't have breakfast.
그녀는 아침을 먹지 않았기 때문에 배가 고파.

08. They try to protect you (because / because of) they love you.
그들은 너를 사랑하기 때문에 너를 보호하려고 하는 거야.

09. (Because / Because of) his mom was busy, Sihu washed the dishes.
그의 엄마가 바쁘셔서, 시후가 설거지를 했다.

10. I couldn't sleep (because / because of) I was hungry.
나는 배가 고팠기 때문에 잠을 잘 수 없었어.

11. (Because / Because of) I was full, I didn't eat dinner.
나는 배불렀기 때문에, 저녁을 먹지 않았어.

12. He made a bad choice (because / because of) his career. (*career: 경력)
그는 자신의 경력 때문에 안 좋은 선택을 했다.

13. I went home (because / because of) I got a call from Mom.
엄마한테 전화를 받았기 때문에 나는 집으로 갔어.

14. I go to the movies on weekends (because / because of) I like movies.
나는 영화를 좋아해서 주말마다 영화를 보러 간다.

정답과 해설 p.4

Let's Practice More!

SET 07

학습목표 4 | 접속사를 이용해서 다양한 표현을 만들어 보아요. 공부한 날 : 맞은 개수 : /20개

주어진 우리말 해석을 보고 ( ) 안의 표현과 알맞은 접속사를 이용하여 빈칸을 완성하세요.

01. 내가 집에 갔을 때, 엄마는 저녁을 요리하고 계셨어.
(get home)

→ When I got home, my mom was cooking dinner.

02. 너는 비가 그친 후에 무지개를 볼 수 있어.
(stop)

→ You can see the rainbow ______________.

03. 내가 나의 개를 찾았을 때, 그(개)는 내 침대 밑에서 자고 있었어. (find)

→ ______________, he was sleeping under my bed.

04. 학교가 끝났을 때, 아이들은 운동장으로 달려갔어. (be over)

→ ______________, the children ran into the playground.

05. 엄마가 말씀하셨다, "저녁을 먹고 나서 양치를 하렴." (have dinner)

→ My mom said, "Brush your teeth ______________."

06. 잠자리에 들었을 때, 나는 배고팠어. (go to bed)

→ ______________, I was hungry.

07. 아빠는 요리하실 때 노래를 부르신다. (cook)

→ Dad sings ______________.

08. 네가 이 항아리를 물로 채우고 난 후에 (너는) 갈 수 있어. (fill this jar with water)

→ You can go ______________.

정답과 해설 p.4

09. 나는 오직 내가 용감해야 할 때만 용감해. (have to be brave)
➜ I'm only brave ________________________.

10. 내가 더 나이가 들었을 때, 나는 비행기를 살 거야. (be older)
➜ ________________________, I will buy an airplane.

11. 네가 그들을 알기 전에 (너는) 사람들을 판단하면 안 돼. (know)
➜ You must not judge people ________________________.

12. 나는 숙제를 끝내고 나서 TV를 봤어. (finish my homework)
➜ I watched TV ________________________.

13. 내가 어렸을 때, 나는 내 생일 선물로 자전거 하나를 원했어. (be little)
➜ ________________________,
I wanted a bicycle for my birthday.

14. 엄마가 그녀의 마음을 바꾸기 전에 나는 시후의 집으로 갔어. (change her mind)
➜ I went to Sihu's house ________________________.

15. 그의 엄마가 바쁘실 때, 시후가 설거지를 한다. (be busy)
➜ ________________________,
Sihu washes the dishes.

16. 너는 점심을 먹기 전에 손을 씻어야 해. (have lunch)
➜ You must wash your hands ________________________.

17. 너는 부엌을 사용한 후에 청소해야 해. (use)
➜ You must clean the kitchen ________________________.

18. 네가 밖에 나가기 전에 나에게 말해주렴. (go outside)
➜ Please tell me ________________________.

19. 내가 피곤할 때, 나는 잠을 자. (be tired)
➜ ________________________, I sleep.

20. 내가 집에 왔을 때 나는 나의 개를 볼 수 없었어. (get home)
➜ I couldn't see my dog ________________________.

정답과 해설 p.4

Let's Practice More!

SET 08

학습목표 4 | **접속사를 이용해서 다양한 표현을 만들어 보아요.** 공부한 날 : 맞은 개수 : /20개

주어진 우리말 해석을 보고 ( ) 안의 표현과 알맞은 접속사를 이용하여 빈칸을 완성해보세요.

01. 눈이 오면, 우리는 눈사람을 만들 거야. (snow)

→ If it snows, we will build a snowman.

02. 날씨가 추워지니까 집으로 가. (get cold)

→ Go home ____________ ____________.

03. 나는 저녁을 먹지 않았기 때문에 배가 고팠어. (have dinner)

→ I was hungry ____________.

04. 네가 그것을 꿈꿀 수 있다면, 너는 그것을 할 수 있다. (can dream)

→ ____________, you can do it.

05. 만약 네가 시도하지 않는다면, 너는 절대로 알 수 없을 거야. (try)

→ ____________, you'll never know.

06. 만약 네가 건강하고 싶다면, 너는 운동을 해야 해. (want to be healthy)

→ ____________, you must exercise.

07. 나는 어젯밤에 늦게 잠들었기 때문에, 오늘 늦게 일어났어. (fall asleep late last night)

→ ____________, I got up late today.

08. 내가 뭔가 약속하면, 난 절대 그 약속을 깨지(어기지) 않아. (promise something)

→ ____________, I never break that promise.

09. 우리는 우산이 없었기 때문에, 우리는 밖으로 나갈 수 없었어. (have umbrellas)

→ ____________, we couldn't go outside.

정답과 해설 p.5

10. 네가 너의 친구들과 (놀러) 나가고 싶다면, 그렇게 해도 돼. (want to go out with your friends)
➔ ______________________________, you may do so.

11. 나는 배불렀기 때문에, 저녁을 먹지 않았어. (be full)
➔ ______________________________
______________________________,
I didn't eat dinner.

12. 당신이 그가 그립다면, 그에게 전화하면 어때요? (miss)
➔ ______________________________
______________________________,
why don't you call him?

13. 만약 네가 그것을 다시 본다면, 그것을 만지지 마. (see it again)
➔ ______________________________, don't touch it.

14. 우리가 그냥 기다리기만 한다면 변화는 오지 않을 거야. (just wait)
➔ Changes will not come ______________________________.

15. 만약 네가 지금 나에게 말하고 싶지 않다면, 나는 기다릴 거야. (want to tell me now)
➔ ______________________________, I will wait.

16. 그녀는 숙제를 일찍 끝내면 TV를 본다. (finish her homework early)
➔ She watches TV ______________________________.

17. 나의 누나는 아팠기 때문에 일찍 잠자리에 들었어. (be sick)
➔ My sister went to sleep early ______________________________.

18. 네가 진짜로 노력한다면 너는 그것을 얻을 수 있어. (really try)
➔ You can get it ______________________________.

19. 네가 인생에서 무언가를 원하면, 너는 그것을 얻으려고 노력해야 해. (want something in life)
➔ ______________________________, you have to try to get it.

20. 엄마한테 전화를 받았기 때문에 나는 집으로 갔어. (get a call from my mom)
➔ I went home ______________________________.

정답과 해설 p.5

Chapter 02 전치사

이 챕터에서는 명사나 대명사 앞에 오는 말인
'전치사'에 대해 배워 보아요.

☆ 학습 방향 및 배울 내용 미리보기 ☆

☐ **Unit 01 :** at, on, in, during, for, by, until

시간의 전치사

시간의 전치사 at, on, in, during, for, by, until의 의미와 용법에 대해 알려 줄게요.

▼

☐ **Unit 02 :** at, on, in, next to, between, under, behind, in front of

장소의 전치사

장소의 전치사로도 쓰이는 at, on, in과 다양한 장소의 전치사들의 의미와 용법에 대해 알려 줄게요.

▼

☐ **Unit 03 :** She is walking **up** the stairs.

방향의 전치사

다양한 방향의 전치사들의 의미와 용법에 대해 알려 줄게요.

▼

☐ **Unit 04 :** They smile **like** angels.

기타 전치사

전치사 with, without, like, by의 의미와 용법에 대해 알려 줄게요.

단어 미리보기

이 챕터에 나올 단어들 중 이미 알고 있는 단어가 있나요?
맞는 뜻을 골라 체크해 봐요.

날짜 : 이름 : 알고 있는 단어의 수 : /24개

No.	아는 단어	단어	품사	알맞은 뜻에 체크 표시해 봐요.			
1	☑	Monday	명사	일요일	☐	월요일	☑
2	☐	March	명사	3월	☐	4월	☐
3	☐	Friday	명사	목요일	☐	금요일	☐
4	☐	bus stop	명사	버스정류장	☐	정지	☐
5	☐	town	명사	도시	☐	산	☐
6	☐	Tuesday	명사	월요일	☐	화요일	☐
7	☐	cloudy	형용사	맑은	☐	흐린	☐
8	☐	hope	동사	희망하다	☐	절망하다	☐
9	☐	butterfly	명사	잠자리	☐	나비	☐
10	☐	blackboard	명사	지우개	☐	칠판	☐
11	☐	station	명사	역	☐	신호등	☐
12	☐	bookstore	명사	도서관	☐	서점	☐
13	☐	hole	명사	열쇠	☐	구멍	☐
14	☐	put	동사	넣다	☐	빼다	☐
15	☐	stairs	명사	계단	☐	옥상	☐
16	☐	sweet	형용사	짠	☐	달콤한	☐
17	☐	quietly	부사	조용히	☐	느리게	☐
18	☐	street	명사	집	☐	거리	☐
19	☐	swimsuit	명사	튜브	☐	수영복	☐
20	☐	fire	명사	불	☐	장난	☐
21	☐	angel	명사	악마	☐	천사	☐
22	☐	autumn	명사	가을	☐	겨울	☐
23	☐	river	명사	강	☐	산	☐
24	☐	honeybee	명사	꿀벌	☐	벌꿀	☐

시간의 전치사

UNIT 01 at, on, in, during, for, by, until

전치사란?
명사나 대명사 앞에 오는 말이에요.

❖ POiNT 1 ❖

시간의 전치사 at, on, in은 '–에', '–때 '라는 뜻으로 의미가 비슷해도 쓰임이 조금씩 달라요.

at	on	in
특정시점 at 5:30 at night 식사 at breakfast at lunch at dinner	날짜, 요일 on May 21 on Monday 특정한 날 on my birthday 평일, 주말 on weekdays on weekend	오전, 오후 in the morning in the afternoon in the evening 월, 연도, 계절 in March in 2017 in summer

❖ POiNT 2 ❖

during / for '–동안'

during + 기간의 이름
during the vacation

for + 기간의 길이 (숫자)
for two years

❖ POiNT 3 ❖

by / until '–까지'

by 2 p.m. 행동의 완료
12시든 1시든 2시 전까지만 완료!

until 2 p.m. 행동의 지속
2시까지 꽉 채워서 행동을 이어나가요.

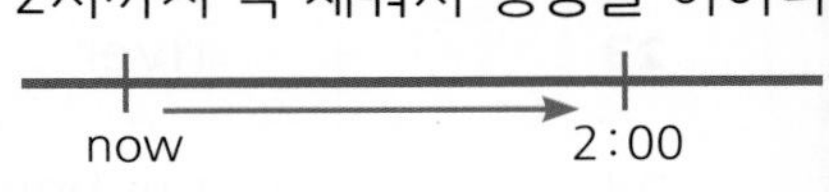

Check and Write

A 다음 빈칸에 at/on/in 중 알맞은 단어를 넣어 보세요.

1. 

[at] 6 p.m.

2. 

[ ] the evening

3. 

[ ] weekdays

4. 

[ ] Friday

5. 

[ ] fall

6. 

[ ] lunch

B 다음 중 알맞은 전치사에 동그라미하고, 문장을 다시 쓰세요.

1. They lived together (during / (for)) 30 years.

⇨ They lived together for 30 years.

그들은 30년 동안 함께 살았다.

2. He slept (during / for) his lunch break.

⇨ ______________________________.

그는 점심시간 동안 잠을 잤다.

3. You should finish it (by / until) Sunday.

⇨ ______________________________.

너는 그것을 일요일까지 끝내야 한다.

정답과 해설 p.5

장소의 전치사

UNIT 02 at, on, in, next to, between, under, behind, in front of

❖ POiNT 1 ❖

장소의 전치사

at / on / in은 장소의 전치사로도 쓰여요.

at	on	in
지점 at the bus stop 좁은 장소 at the store at school 주소 at Gasandong 11-1	거리이름 on Wall Street 층 on the third floor 표면 위 on the table on the wall	나라, 대륙 in Korea in Asia 넓은 장소 in the forest in the country

❖ POiNT 2 ❖

next to ~옆에

between ~사이에

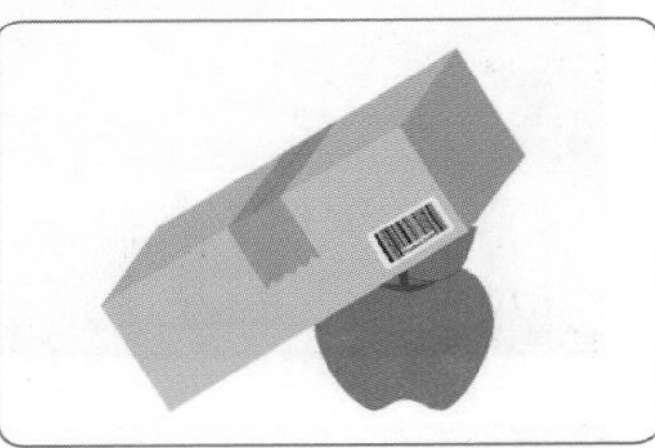

under ~아래에

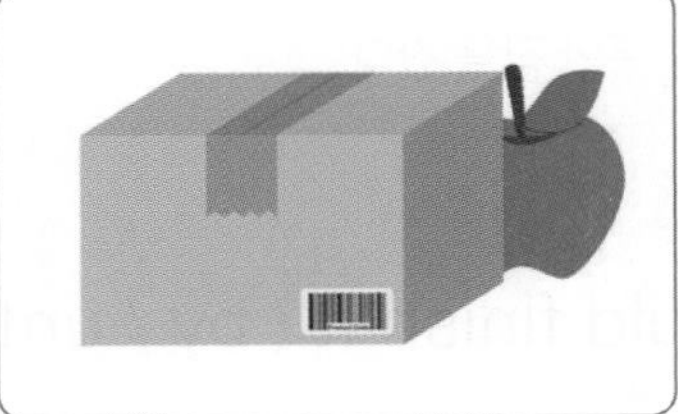

behind ~뒤에

in front of ~앞에

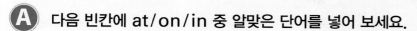

Check and Write

A 다음 빈칸에 at/on/in 중 알맞은 단어를 넣어 보세요.

1. 

at the bus stop

2. 

____ the 2nd floor

3. 

____ France

4. 

____ school

5. 

____ M. Street

6. 

____ Busan

B 다음 빈칸에 들어갈 알맞은 전치사를 보기에서 골라 써 보세요.

보기 behind between next to in front of under

1. The desk is next to the bed.
책상은 침대 옆에 있다.

2. My dog is ____ the bed.
나의 개는 침대 아래에 있다.

3. My bed is ____ the windows. 나의 침대는 창문들 사이에 있다.

4. My cat is ____ the computer monitor.
나의 고양이는 컴퓨터 모니터 뒤에 있다.

5. The boxes are ____ the bed. 상자들은 침대 앞에 있다.

정답과 해설 p.5

Practice 1 시간과 장소를 표현하는 전치사를 익혀 보아요.

다음 문장에 알맞은 전치사를 보기에서 골라 빈칸에 써 보세요. (중복 사용 가능)

A School

보기 at behind on

1. I go to school ____at____ 8 a.m.
   나는 오전 8시에 학교에 가.

2. My classroom is __________ the 1st floor.
   내 교실은 1층에 있어.

3. I have gym class __________ Tuesdays.
   나는 화요일에 체육 수업이 있어.

4. The playground is ______________ my classroom.
   운동장은 내 교실 뒤에 있어.

5. I draw pictures __________ the paper. 나는 종이에 그림을 그려.

B Rainy day

보기 under at for in on by

1. It was cloudy __________ the morning.
   아침에 날씨가 흐렸어.

2. It rained heavily __________ 5 hours.
   비가 5시간 동안 많이 왔어.

3. I left my umbrella __________ home.
   나는 집에 우산을 놓고 왔어.

정답과 해설 p.5

4. There is a bench _______________ a big tree.
큰 나무 아래에 벤치가 있어.

5. I'm sitting ___________ the bench.
나는 벤치에 앉아 있어.

6. I'm waiting ___________ an hour because of the rain.
나는 비 때문에 한 시간 동안 기다리고 있어.

7. I hope the rain stops ___________ 2 p.m.
나는 오후 2시까지 비가 그치기를 바라고 있어.

C Go to the supermarket!

보기 next to for in on at

1. I went to the supermarket ___________ the afternoon.
나는 오후에 슈퍼마켓에 갔어.

2. The supermarket is ___________ the Second Street.
슈퍼마켓은 2번가에 있어.

3. There are tomatoes ___________ the shelf.
선반 위에 토마토가 있어. **(*shelf: 선반)**

4. The cheese is _________________ the tomatoes.
치즈는 토마토 옆에 있어.

5. I walked around ___________ 15 minutes trying to find a ham.
나는 햄을 찾기 위해 15분 동안 돌아다녔어.

6. I arrived home ___________ three o'clock.
난 3시에 집에 도착했어.

정답과 해설 p.5

Practice 2 알맞은 전치사를 써서 문장을 완성해 보아요.

다음 우리말 뜻과 같도록 주어진 표현을 순서에 맞게 배열하여 문장을 완성하세요.

1. (in, the classroom, They, may not be).
그들은 아마 교실 안에 없을 거야.

➔ They may not be in the classroom.

2. (watch TV, 30 minutes, for, I want to).
저 30분 동안 텔레비전 보고 싶어요.

➔ ______________________________.

3. I lost my pencil case, so (class, during, I can't study).
저는 제 필통을 잃어버려서 수업 시간 동안 공부를 할 수 없어요.
➔ I lost my pencil case, so ______________________________.

4. Oh! (my pencil case, the desk, under, There is).
오! 그 책상 밑에 나의 필통이 있어요.
➔ Oh! ______________________________.

5. (4 p.m., My favorite show, at, starts).
제가 제일 좋아하는 쇼가 오후 4시에 시작해요.
➔ ______________________________.

6. (5 p.m., at, You should, turn off the TV). 너는 오후 5시에 TV를 꺼야 해.
➔ ______________________________.

정답과 해설 p.5

7. (until, study English, 6 p.m., I'll).
난 오후 6시까지 영어를 공부할 거야.

➔ ______________________________.

8. (the jar, in, There are, cookies).
병 안에 쿠키가 있어.

➔ ______________________________.

9. (between, Kevin stands, his children).
Kevin은 그의 아이들 사이에 서 있어.

➔ ______________________________.

10. (you, Your father is, behind), isn't he? 너희 아버지가 네 뒤에 계시는구나, 그렇지 않니?

➔ ______________________________, isn't he?

11. That's right. (He is standing, my mother, next to). 맞아. 그는 엄마 옆에 서 있어.

➔ That's right. ______________________________.

12. (in front of, A cute puppy is, your grandfather)!
귀여운 강아지가 너희 할아버지 앞에 있네!

➔ ______________________________!

13. (the puppy and me, My younger brother is, between).
내 남동생은 강아지와 나 사이에 있어.

➔ ______________________________.

정답과 해설 p.5

14. (my birthday, I want to get, on, some comic books).
나는 내 생일에 만화책을 좀 받고 싶어.
➔ ____.

15. (was born, I, 2004, in). 나는 2004년도에 태어났어.
➔ ____.

16. (in, There are, a library, many books).
도서관에는 책이 많이 있어.

➔ ______________________
______________________.

17. (the Christmas tree, next to, Santa Claus is).
Santa Claus는 크리스마스 트리 옆에 있어.

➔ ______________________
______________________.

18. (three days, It, for, snowed). 3일 동안 눈이 내렸어.
➔ ____.

19. (me, Don't walk, behind).
내 뒤에서 걷지 마.

➔ ______________________
______________________.

20. (a flower, The butterfly landed, on). (*land : 앉다, 착륙하다)
나비가 꽃 위에 앉았어.

➔ ______________________
______________________.

정답과 해설 p.5

Practice 3 알맞은 전치사가 쓰인 문장을 써 보아요.

우리말 뜻을 참고하여 다음 주어진 표현을 활용해 문장을 완성해 보세요.

1. (go to school, in March)
우리는 3월에 학교에 가.

BACK TO SCHOOL

➔ We go to school in March.

2. (is sitting, next to a girl)
그는 한 소녀 옆에 앉아 있어.

➔ ________________.

3. (do, on Christmas Day) 너 크리스마스 날에 뭐 하니?
➔ ________________?

4. (have a party, at home) 나는 집에서 파티 할 거야.
➔ ________________.

5. (lives, in Ulsan) 나의 할머니는 울산에 사셔.
➔ ________________.

6. (meet again, in 2017) 2017년에 다시 만나자.
➔ ________________.

7. (are standing, in front of the blackboard).
그들은 칠판 앞에 서 있어. (*blackboard : 칠판)

➔ ________________.

정답과 해설 p.5

8. (Korea, a country, in Asia)

한국은 아시아에 있는 나라야.

→ ______________________________
______________________________.

9. (went jogging, in the morning)

그녀는 아침에 조깅을 했어.

→ ______________________________
______________________________.

10. (must arrive, by nine o'clock) 너는 9시까지 도착해야 해.

→ ____.

11. (The bus, is, at Seoul station) 버스는 서울역에 있어.

→ ____.

12. (sleep, until 1 p.m., on weekends) 난 주말에 오후 1시까지 자.

→ ____.

13. (buy it, at the bookstore) 넌 그것을 서점에서 살 수 있어.

→ ____.

14. (Finish, by 6 p.m.) 너의 숙제를 오후 6시까지 끝내.

→ ____.

정답과 해설 p.6

15. (host the Olympic Games, in 2018)

평창은 2018년에 올림픽을 주최할 거야. **(*host: 주최하다)**

➔ PyeongChang ______________________________.

16. (worked on my homework, until 8 p.m.)

나는 오후 8시까지 숙제를 했어.

➔ ______________________________

______________________________.

17. (clouds, in the sky)

하늘에 구름이 있어.

➔ ______________________________

______________________________.

18. (A truck, behind) 조심해! 트럭이 네 뒤에 있어.

➔ Watch out! ______________________________.

19. (meet, in front of the carousel)

(*carousel: 회전목마)

센트럴파크에 있는 회전목마 앞에서 만나자.

➔ ______________________________

__________ in Central Park.

20. (is sitting, between two boys)

그 개는 두 명의 소년들 사이에 앉아 있어.

➔ ______________________________

______________________________.

정답과 해설 p.6

Let's Practice More!

SET 01

학습목표 1 | 시간의 전치사 at, on, in의 쓰임을 알아보아요. 공부한 날 : 맞은 개수 : /12개

다음 문장의 빈칸에 at과 on 중 알맞은 것을 쓰세요.

01. We go to school ___at___ 8 a.m. 우리는 오전 8시에 학교에 가.

02. She has gym class __________ Wednesdays.
그녀는 수요일에 체육 수업이 있어.

03. I arrived home __________ 3 o'clock. 난 3시에 집에 도착했어.

04. My favorite show starts __________ 4 p.m.
제가 제일 좋아하는 쇼가 오후 4시에 시작해요.

05. I want to get some comic books __________ my birthday.
나는 내 생일에 만화책을 좀 받고 싶어.

06. You should turn off the TV __________ dinner. 너는 저녁 식사 때 TV를 꺼야 해.

07. What do you do __________ Christmas Day?
너 크리스마스 날에 뭐 하니?

08. Mina sleeps until 1 p.m. __________ weekends. 미나는 주말에 오후 1시까지 자.

09. It was cloudy __________ Tuesday. 화요일에는 날씨가 흐렸어.

10. They ate egg toast __________ lunch. 그들은 점심 식사 때 계란 토스트를 먹었어.

11. I went to the supermarket __________ 3 p.m.
나는 오후 3시에 슈퍼마켓에 갔어.

12. He worked on his homework __________ last weekend. 그는 지난 주말에 숙제를 했어.

정답과 해설 p.6

Let's Practice More!

SET 02

학습목표 1 | 시간의 전치사 at, on, in의 쓰임을 알아보아요.   공부한 날 :   맞은 개수 :   /14개

다음 ( ) 안에서 알맞은 전치사를 골라 보세요.

01. My favorite show starts (at / on) 4 p.m. 내가 가장 좋아하는 쇼가 오후 4시에 시작해.

02. I want to get some comic books (at / on) my birthday.
나는 내 생일에 만화책을 좀 받고 싶어.

03. Let's meet again (on / in) 2017. 2017년에 다시 만나자.

04. What do you do (at / on) Christmas Day? 너 크리스마스 날에 뭐 하니?

05. I went to the supermarket (at / in) the afternoon.
나는 오후에 슈퍼마켓에 갔어.

06. I go to school (at / in) 8 a.m. 나는 오전 8시에 학교에 가.

07. I was born (at / in) 2004. 나는 2004년도에 태어났어.

08. I usually read books (at / in) the morning.
나는 보통 아침에 책을 읽어.

09. We have lunch (at / in) noon. 우리는 정오에 점심을 먹어.

10. You should turn off the TV (at / in) 5 p.m. 너는 오후 5시에 TV를 꺼야 해.

11. The TV show ends (on / at) April 3rd. 그 TV 쇼는 4월 3일에 끝나.

12. I arrived home (at / in) three o'clock. 난 3시에 집에 도착했어.

13. We go to school (on / in) March. 우리는 3월에 학교에 가.

14. I have a piano lesson (at / in) 8 p.m. 나는 오후 8시에 피아노 레슨이 있다.

정답과 해설 p.6

Let's Practice More!

SET 03

학습목표 2 | 시간의 전치사 during과 for의 차이를 알아보아요. 공부한 날 : 맞은 개수 : /14개

다음 문장의 빈칸에 during이나 for 중 알맞은 것을 쓰세요.

01. I walked around ___for___ 15 minutes trying to find a ham.
나는 햄을 찾기 위해 15분 동안 돌아다녔어.

02. I want to watch TV ________ 30 minutes. 저 30분 동안 텔레비전 보고 싶어요.

03. She can't study ________ class. 그녀는 수업 시간 동안 공부를 할 수 없어요.

04. They lived together ________ 30 years.
그들은 30년 동안 함께 살았어.

05. He went jogging ________ the day. 그는 낮 동안 조깅을 했어.

06. Finish your homework ________ the weekend. 주말 동안 너의 숙제를 끝내.

07. It snowed ________ three days.
3일 동안 눈이 내렸어.

08. Mina drew pictures ________ her lunch time. 미나는 점심시간 동안 그림을 그렸어.

09. We are waiting ________ an hour because of the rain.
우리는 비 때문에 한 시간 동안 기다리고 있어.

10. It rained heavily ________ five days. 5일 동안 비가 많이 왔어.

11. I was sitting on the bench ________ the day.
나는 낮 동안 벤치에 앉아 있었어.

12. Jake will study English ________ two hours. Jake는 2시간 동안 영어를 공부할 거야.

13. I'm going to have a party at home ________ the festival.
나는 축제 기간 동안 집에서 파티 할 거야.

14. It was cloudy ________ the night. 밤 동안 날씨가 흐렸어.

정답과 해설 p.6

Let's Practice More!

SET 04

학습목표 3 | 시간의 전치사 by와 until의 차이를 알아보아요. 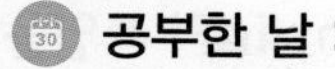 공부한 날 : 맞은 개수 : /12개

CH 02

 다음 문장의 빈칸에 by나 until 중 알맞은 것을 쓰세요.

01. They go to school ____by____ 8 a.m.
그들은 오전 8시까지 학교에 가.

02. I'll study English ____________ 6 p.m.
난 오후 6시까지 영어를 공부할 거야.

03. You must arrive ____________ nine o'clock. 너는 9시까지 도착해야 해.

04. Finish your homework ____________ 6 p.m. 너의 숙제를 오후 6시까지 끝내.

05. I sleep ____________ 1 p.m. on weekends.
난 주말에 오후 1시까지 자.

06. I worked on my homework ____________ 8 p.m. 나는 오후 8시까지 숙제를 했어.

07. It rained heavily ____________ 3 p.m. 오후 3시까지 비가 많이 왔어.

08. I hope the rain stops ____________ 2 p.m. 나는 오후 2시까지 비가 그치기를 바라고 있어.

09. You should finish it ____________ Sunday. 너는 그것을 일요일까지 끝내야 해.

10. She went jogging ____________ the last minute.
그녀는 마지막 순간까지 조깅을 했어.

11. I arrived home ____________ three o'clock. 난 3시까지 집에 도착했어.

12. It snowed ____________ 2 p.m. 오후 2시까지 눈이 왔어.

정답과 해설 p.6

Let's Practice More!

SET 05

학습목표 4 | 장소의 전치사 at, on, in의 쓰임을 알아보아요. 공부한 날 : 맞은 개수 : /14개

다음 ( ) 안에서 알맞은 전치사를 골라 보세요.

01. I am going to have a party (at / under) home. 나는 집에서 파티 할 거야.

02. My grandmother lives (on / in) Ulsan. 나의 할머니는 울산에 사셔.

03. Korea is a country (to / in) Asia. 한국은 아시아에 있는 나라야.

04. The bus is (at / by) Seoul station. 버스는 서울역에 있어.

05. There are clouds (to / in) the sky. 하늘에 구름이 있어.

06. You can buy it (at / with) the bookstore. 넌 그것을 서점에서 살 수 있어.

07. My classroom is (from / on) the 1st floor. 내 교실은 1층에 있어.

08. I left my umbrella (at / for) home. 나는 집에 우산을 놓고 왔어.

09. There are tomatoes (on / to) the shelf. 선반 위에 토마토가 있어.

10. They may not be (under / in) the classroom. 그들은 아마 교실 안에 없을 거야.

11. There are many books (on / in) a library. 도서관에는 책이 많이 있어.

12. The butterfly landed (at / on) a flower. 나비가 꽃 위에 앉았어.

13. There are cookies (on / in) the jar. 병 안에 쿠키가 있어.

14. I'm sitting (on / under) the bench. 나는 벤치에 앉아 있어.

정답과 해설 p.6

Let's Practice More!

SET 06

학습목표 4 | 장소의 전치사 at, on, in의 쓰임을 알아보아요. 공부한 날 : 맞은 개수 : /14개

다음 ( ) 안에서 알맞은 전치사를 골라 보세요.

01. Let's meet (at / to) the library. 도서관에서 만나자.

02. We live (at / by) Gasandong 123-1.
우리는 가산동 123-1 번지에 살아.

03. I draw pictures (on / in) the paper. 나는 종이 위에 그림을 그려.

04. The book is (from / in) my bag. 그 책은 내 가방 안에 있어.

05. The supermarket is (on / with) Second Street.
슈퍼마켓은 2번가에 있어요.

06. I will wait (at / from) the bus stop. 나는 버스 정류장에서 기다릴게.

07. There is a mouse (with / in) the room.
방 안에 쥐 한 마리가 있어.

08. I saw a picture (on / by) the wall. 나는 벽에 걸린 그림을 봤다.

09. He is parking his car (in / on) the street.
그는 길거리에 그의 차를 주차하고 있다.

10. She worked (at / behind) the bank. 그녀는 은행에서 일했다.

11. Birds are (on / under) the tree. 나무 위에 새들이 있다.

12. There is a lot of bread (on / for) the table.
식탁 위에 빵이 많이 있다.

13. There is a little milk (at / in) the cup. 컵에 약간의 우유가 있다.

14. Kevin is (on / by) the 3rd floor. Kevin은 3층에 있어.

정답과 해설 p.6

Let's Practice More!

SET 07

학습목표 5 | 장소의 전치사 next to, between, under, behind, in front of의 쓰임을 알아보아요.

공부한 날 : 　　　맞은 개수 : 　　/20개

주어진 우리말 뜻에 맞게 다음 (　) 안에서 알맞은 전치사를 골라 보세요.

01. The cheese is (behind / next to) the tomatoes.
치즈는 토마토 옆에 있어.

02. Don't walk (behind / next to) me.
내 뒤에서 걷지 마.

03. There is my pencil case (under / behind) that desk.
저 책상 밑에 나의 필통이 있어요.

04. He is standing (behind / next to) his mother.
그는 그의 엄마 옆에 서 있어.

05. The dog is sitting (in front of / between) two boys.
그 개는 두 명의 소년들 사이에 앉아 있어.

06. Santa Claus is (behind / next to) the Christmas tree.
Santa Claus는 크리스마스 트리 옆에 있어.

07. A cute puppy is (in front of / between) your grandfather.
귀여운 강아지가 너희 할아버지 앞에 있네.

08. Kevin stands (under / between) his children.
Kevin은 그의 아이들 사이에 서 있어.

09. Let's meet (in front of / between) the carousel in Central Park.
센트럴파크에 있는 회전목마 앞에서 만나자.

정답과 해설 p.6

10. The playground is (behind / next to) my classroom.
운동장은 내 교실 뒤에 있어.

11. My younger brother is (in front of / between) the puppy and me.
내 남동생은 강아지와 나 사이에 있어.

12. Your father is (behind / next to) you.
너희 아버지가 네 뒤에 계시는구나.

13. The butterfly is (under / behind) a tree. 나비가 나무 아래에 있어.

14. They are standing (in front of / between) the blackboard.
그들은 칠판 앞에 서 있어.

15. There is a bench (under / behind) a big tree.
큰 나무 아래에 벤치가 있어.

16. He is standing (in front of / between) me.
그는 내 앞에 서 있어.

17. I left my umbrella (under / behind) the table.
나는 탁자 아래에 우산을 놓고 왔어.

18. A truck is (behind / next to) you.
트럭이 네 뒤에 있어.

19. There is my dog (under / between) the chairs.
의자 사이에 나의 개가 있어요.

20. He is sitting (behind / next to) a girl.
그는 한 소녀 옆에 앉아 있어.

정답과 해설 p.6

Let's Practice More!

SET 08

학습목표 6 | 장소를 표현하는 전치사의 쓰임을 알아보아요.   공부한 날 :   맞은 개수 :   /20개

주어진 우리말 뜻에 맞게 밑줄 친 부분을 알맞게 고쳐보세요.

01. The girl is sitting next to two dogs.
그 소녀는 두 마리의 개들 사이에 앉아 있어.

→ between

02. Your father is next to you.
너희 아버지가 네 뒤에 계시는구나.

→ ______________

03. The supermarket is in Second Street. → ______________
슈퍼마켓은 2번가에 있어.

04. The cheese is next the tomatoes. → ______________
치즈는 토마토 옆에 있어.

05. The post office is under the building. → ______________
우체국은 그 건물 뒤에 있다.

06. There is my pencil case behind that desk. → ______________
저 책상 밑에 나의 필통이 있어요.

07. My younger brother is behind the puppy and me. → ______________
내 남동생은 강아지와 나 사이에 있어.

08. Santa Claus is in front of the Christmas tree. → ______________
Santa Claus는 크리스마스 트리 옆에 있어.

정답과 해설 p.6

09. John is hiding behind the desk. → ____________
John이 책상 아래 숨어 있다.

10. They are standing front of the blackboard. → ____________
그들은 칠판 앞에 서 있어.

11. Let's meet next to the carousel in Central Park. → ____________
센트럴파크에 있는 회전목마 앞에서 만나자.

12. A truck is in front of you. → ____________
트럭이 네 뒤에 있어.

13. The playground is in front of my classroom. → ____________
운동장은 내 교실 뒤에 있어.

14. My classroom is at the 1st floor. → ____________
내 교실은 1층에 있어.

15. The convenience store is in front of the gym and the library. → ____________
편의점은 체육관과 도서관 사이에 있다.

16. Don't walk under me. → ____________
내 뒤에서 걷지 마.

17. There is a bench on a big tree. → ____________
큰 나무 아래에 벤치가 있어.

18. The garden is next to the house. → ____________
정원은 집 앞에 있다.

19. He is sitting to a girl. → ____________
그는 한 소녀 옆에 앉아 있어.

20. A cute puppy is in front your grandfather. → ____________
귀여운 강아지가 너희 할아버지 앞에 있네.

정답과 해설 p.6

UNIT 03 방향의 전치사

She is walking up the stairs.

❖ POiNT ❖

방향의 전치사

up
~위로

She is walking up the stairs.
그녀는 계단을 걸어 올라가고 있다.

down
~아래로

She is walking down the stairs.
그녀는 계단을 걸어 내려가고 있다.

into
~안으로

A bird is entering into a box.
새가 박스 안으로 들어가고 있다.

out of
~밖으로

A bird is going out of a box.
새가 박스 밖으로 나오고 있다.

across
~을 가로질러

A bird is walking across a bench. 새가 벤치를 가로질러 걷고 있다.

through
~을 통과해서

A bird is going through a hole.
새가 구멍을 통과해서 가고 있다.

from
~에서

I walk away from my home.
나는 우리 집에서 걸어 나간다.

to
~로, ~에

I go to the store.
나는 가게에 간다.

＊짝꿍처럼 쓰이는 from A to B ─ 'A에서 B로', 'A부터 B까지'

This train runs **from** Seoul **to** Yeosu. 이 기차는 서울부터 여수까지 운행한다.
The museum is open **from** 9 a.m. **to** 6 p.m. 박물관은 오전 9시부터 오후 6시까지 연다.

Check and Write

A 다음 사진에 알맞은 전치사구 표현을 연결해 보세요.

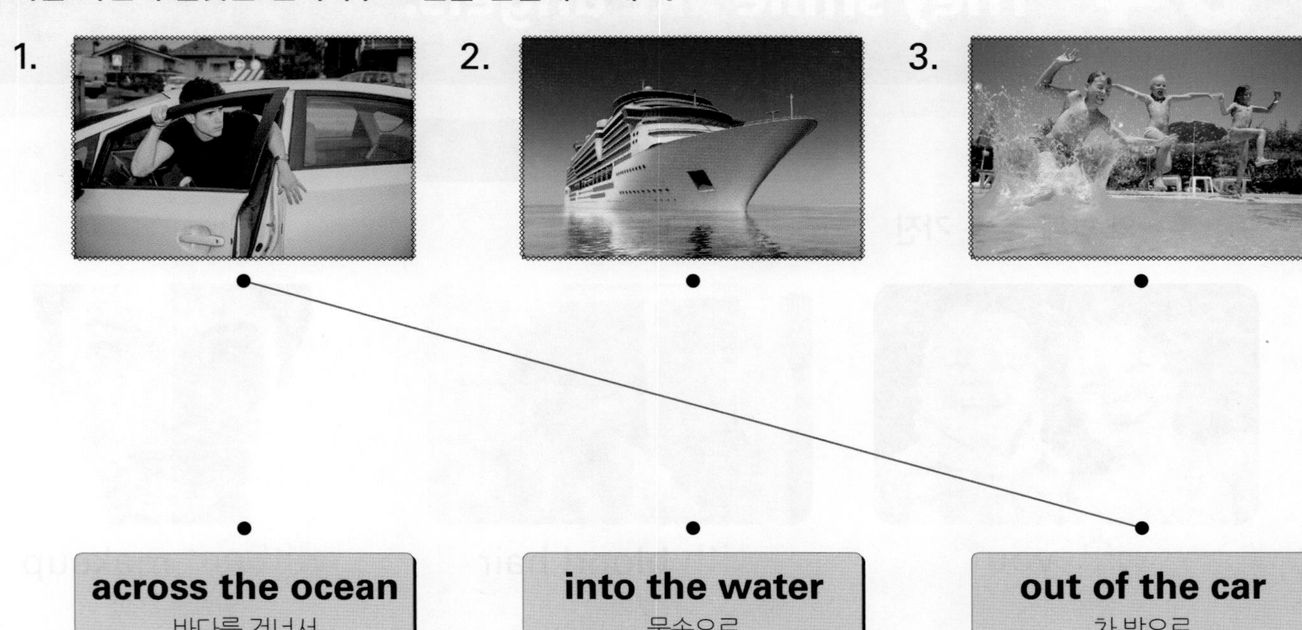

B 다음 사진과 우리말 뜻을 참고하여, 알맞은 전치사에 동그라미 하세요.

1. The monkey is climbing (through / up) the tree.
   그 원숭이는 나무 위로 올라가고 있어.

2. Do not put sugar (across / into) my coffee.
   내 커피 안에 설탕 넣지 마.

3. She walked (down / through) the stairs.
   그녀는 계단을 걸어 내려갔다.

정답과 해설 p.6

UNIT 04 기타 전치사

They smile like angels.

❖ POiNT ❖

with ~와 함께, ~를 가진   without ~없이

with you
너와 함께

with blond hair
금발을 가진

without makeup
화장을 안 한

like ~같이, ~처럼 (동사 like랑 전혀 다른 뜻이에요!)

smile like angels
천사 같이 웃다

white like snow
눈처럼 하얀

sweet like honey
꿀처럼 달콤한

by ~를 타고 (뒤에는 교통수단 관련 명사가 와요.)

by bus
버스를 타고(버스로)

by train
기차를 타고(기차로)

by airplane
비행기를 타고(비행기로)

* **참고** on foot은 '걸어서', '도보로'라는 뜻이랍니다!

I go to school on foot. 난 걸어서 학교에 가.

Check and Write

다음 사진과 우리말 뜻을 참고하여, 알맞은 전치사에 동그라미 하세요.

1. We can't live (without / by) water.
   우리는 물 없이는 살 수 없어.

2. You look (with / like) a rabbit.
   너는 토끼처럼 보여. (토끼를 닮았어.)

3. It takes 4 hours (with / by) train.
   기차로 4시간이 걸려.

4. Will you dance (with / by) me?
   너는 나와 함께 춤을 출 거니?

5. I went there (by / on) taxi.
   나는 택시를 타고 그곳에 갔어.

6. The girl (with / by) a cap is running.
   모자를 쓴 그 소녀는 달리고 있어.

정답과 해설 p.6

Practice 1 상황에 맞는 적절한 전치사를 익혀 보아요.

우리말 뜻에 어울리도록 알맞은 전치사를 보기 에서 골라 빈칸에 써 보세요.

A There is a thief!

보기 with like into out of across

1. A strange man goes ___into___ the store. 수상한 남자가 가게 안으로 들어가.
2. He walks quietly __________ a cat. 그는 고양이처럼 조심히 걸어.
3. He runs __________ __________ the store. 그는 가게 밖으로 달려가.
4. He is a thief __________ a black hat!
   그는 검은 모자를 쓴 도둑이야!
5. A policeman follows him __________ the street.
   경찰이 거리를 가로질러 그를 쫓아가.

B Let's go to the post office!

보기 by from down to with across on

1. I'm going __________ the post office. 나는 우체국에 가는 중이야.
2. I will go there __________ my sister. 나는 그곳에 나의 여동생과 함께 갈거야.
3. We will go there __________ foot.
   우리는 그곳에 걸어서 갈 거야.
4. We walk __________ the street.
   우리는 길을 건너서 걸어가.

정답과 해설 p.6

5. It takes twenty minutes to get there __________ our house.
우리 집에서 거기까지 가는 데 20분이 걸려.

6. We walk __________ the street. 우리는 길을 걸어 내려가.

7. When we go home, we will go __________ bus.
집에 갈 때, 우리는 버스를 타고 갈 거야.

C Swimming pool

보기 up without like into with to out of

1. Nari goes __________ the swimming pool. 나리는 수영장에 가.

2. She has to buy a swimsuit because she went to the pool __________ her swimsuit. (*have to: ~해야 한다)
그녀는 수영복 없이 수영장에 갔기 때문에 수영복을 사야 해.

3. She goes __________ the stairs to the diving board. 그녀는 계단을 올라가서 다이빙대로 가.

4. She jumps __________ the pool. 그녀는 수영장으로 뛰어 들어.

5. She swims __________ a mermaid.
그녀는 인어처럼 수영해. (*mermaid : 인어)

6. She gets __________ __________ the pool.
그녀는 수영장 밖으로 나와.

7. She will come __________ her friends next time.
그녀는 다음번엔 그녀의 친구들과 함께 올 거야.

정답과 해설 p.6

Practice 2 알맞은 전치사를 써서 문장을 완성해 보아요.

우리말 뜻을 참고하여 (   ) 안에서 알맞은 전치사를 골라 동그라미 하세요.

1. Two kids are going (up / through) the stairs.
   두 명의 아이들이 계단을 올라가고 있다.

2. Nara is sliding (across / down) the slide.
   나라는 미끄럼틀을 미끄러져 내려가고 있어.

3. A woman is getting (out of / by) the car.
   한 여자가 차 밖으로 나오고 있다. (*get out of: ~에서 나오다, 떠나다)

4. Sihu is playing (with / to) Mina. 시후는 미나와 함께 놀고 있다.

5. Sihu is climbing (into / up) the jungle gym. (*climb : 오르다, 올라가다)
   시후는 정글짐을 오르고 있어.

6. He fell (through / from) the jungle gym. 그는 정글짐에서 떨어졌어.

7. She goes on a picnic (with / by) her parents.
   그녀는 그녀의 부모님과 함께 소풍을 가.

8. Are we going (up / through) the tunnel?
   우리가 터널을 통과해서 가고 있나요?

정답과 해설 p.6

9. A monkey is climbing (up / to) the tree.
원숭이 한 마리가 나무 위로 올라가고 있어.

10. They travel (on / by) airplane.
그들은 비행기를 타고 여행해.

11. We travel (by / through) train.
우리는 기차를 타고 여행해.

12. We go (to / with) the beach together.
우리는 함께 바닷가에 가.

13. This airplane flies (to / from) Seoul (to / from) Tokyo.
이 비행기는 서울에서 도쿄로 비행해.

14. You put a coin (into / up) a piggy bank.
넌 동전을 돼지저금통 안에 넣어. **(*put A into B : A를 B 안에 넣다)**

15. Dolphins jump (out of / next to) the water.
돌고래들이 물 밖으로 점프하고 있어.

16. There is no smoke (from / without) fire.
아니 땐 굴뚝에 연기 나랴. (원인 없는 결과는 없다.)

정답과 해설 p.6

17. Mina rides a bicycle (from / with) her boyfriend.

미나는 그녀의 남자친구와 함께 자전거를 타.

18. You usually have dinner (with / without) your family.

너는 보통 너의 가족과 함께 저녁을 먹어.

19. We cannot be happy (by / without) love.

우리는 사랑 없이는 행복할 수 없어.

20. She is walking (down / through) the stairs.

그녀는 계단을 걸어 내려가고 있어.

Cultural Tips

재미로 익히는 문화상식

꾀돌이 여우는 사는 곳에 따라 생김새가 다르대요!

붉은여우

'여우'하면 우리가 흔히 떠올리는 종이에요.
붉은여우의 털 색에는 밝은 적색에서 오렌지색, 갈색이 있어요.
지구의 거의 모든 지역에서 서식하는데, 특히 북아메리카와
북부 아프리카, 유라시아 북부에 많이 산다고 해요.

사막여우

사막여우는 주로 사막지대에서 서식하는 종을 말해요.
여우류 중에서 가장 작고, 더운 환경에서 살기 때문에
열을 방출하기 위해 귀가 길대요.
너무 귀엽지 않나요?

북극여우

북극여우는 북유럽이나 러시아, 알래스카와 같이 매우 추운지역에 살아요.
주로 흰색 털을 가졌는데 눈 색과 비슷한 색으로 자신을 보호하기 위해서예요.
주변 환경이 추워서 털이 많고 살이 두꺼워요.
열을 방출하기 위해 귀가 긴 사막여우와는 달리 짧고 둥근 귀를 가지고 있어요.

정답과 해설 p.6

Practice 3 알맞은 전치사가 쓰인 문장을 써 보아요.

우리말 뜻을 참고하여 다음 주어진 표현을 사용해 문장을 완성해 보세요.

1. (slide, down the hill)
그들은 언덕을 미끄러져 내려와.

➔ They slide down the hill
_______________.

2. (smiles, an angel)
그는 천사처럼 웃어.

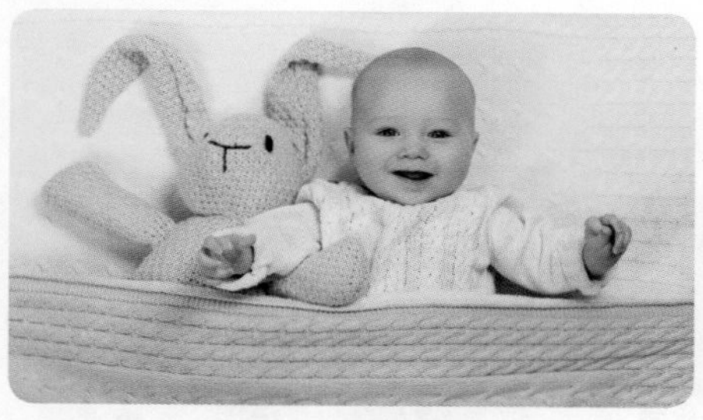

➔ _______________
_______________.

3. (go there, by bicycle)
너는 그곳에 자전거를 타고 갈 수 있어.
➔ _______________.

4. (live, without a heater) 우리는 히터 없이 살 수 없어.
➔ _______________.

5. It's cold outside. (Don't go out, a coat) 밖은 추워. 코트 없이 밖에 나가지 마.
➔ It's cold outside. _______________.

6. (leaves, fall, the trees) 가을에는 나뭇잎들이 나무에서 떨어져.
➔ In autumn, _______________.

7. (draws a picture, with her father)
그녀는 그녀의 아버지와 함께 그림을 그려.
➔ _______________.

정답과 해설 p.6

8. (move, to a warmer place) 그들은 더 따뜻한 곳으로 이동해.

➔ ______________________________.

9. (studies science, with Mike)
그녀는 Mike와 함께 과학을 공부해.

➔ ______________________________
______________________________.

10. (It is open, from 8 a.m., to 9 p.m.)
그것은 오전 8시부터 오후 9시까지 열려 있어.

OPEN

➔ ______________________________
______________________________.

11. (Birds, across the river) 새들은 강을 가로질러 날아.

➔ ______________________________.

12. (There is, a girl, with black hair) 검은 머리를 가진 여자아이가 있어.

➔ ______________________________.

13. (moved, from Seoul, to Jeonju) 나는 서울에서 전주로 이사했어.

➔ ______________________________.

14. (A car, goes, through a tunnel)
차 한 대가 터널을 통과해서 간다.

➔ ______________________________.

15. (They, the mountain, are going up) 그들은 산에 오르고 있어.

➔ ______________________________.

정답과 해설 p.7

16. (takes a picture, with his sister) 그는 그의 누나와 함께 사진을 찍는다.

➔ ____.

17. (are busy, like honeybees) (*honeybee : 꿀벌) 그들은 꿀벌들처럼 바빠.

➔ ____.

18. (do their homework, with their grandfather)

그들은 그들의 할아버지와 함께 숙제한다.

➔ ____________________

____________________.

19. (Mom, walks, into the garden)

엄마가 정원 안으로 걸어 들어오셔.

➔ ____________________

____________________.

20. (The Han River, flows, through Seoul)

한강은 서울을 통과해서 흐른다. (*flow : 흐르다, 흘러가다)

➔ ________________________________.

재미로 익히는 문화상식

한 여름의 크리스마스

① 다니엘, 메리크리스마스~! 너 지금 뭐하고 있어?
② 나는 해변에서 수영하고 있어!
③ 뭐? 이 겨울에? 춥지 않아?
④ 더워! 여기는 여름이야!
Daniel in Australia
Sihu in Korea

우리나라는 북반구, 오스트레일리아(호주)는 남반구에 위치하고 있어서 계절이 정반대예요. 그래서 오스트레일리아의 여름은 12월에서 3월 사이이고, 크리스마스에도 덥답니다!

정답과 해설 p.7

Let's Practice More!

학습목표 1 | **방향의 전치사 up, down, into, out of의 쓰임을 알아보아요.** 공부한 날 : 맞은 개수 : /12개

주어진 우리말 뜻에 맞게 다음 ( ) 안에서 알맞은 전치사를 골라 보세요.

01. A monkey is climbing (up / into) the tree. 원숭이 한 마리가 나무를 올라가고 있어.

02. Nara is sliding (down / into) the slide.
나라는 미끄럼틀을 미끄러져 내려가고 있어.

03. She jumped (up / into) the pool. 그녀는 수영장 안으로 뛰어 들었어.

04. We walk (down / out of) the street. 우리는 길을 걸어 내려가.

05. A woman is getting (down / out of) the car. 한 여자가 차 밖으로 나오고 있어.

06. They are going (up / down) the mountain.
그들은 산에 오르고 있어.

07. She is walking (down / into) the stairs. 그녀는 계단을 걸어 내려가고 있어.

08. She goes (up / into) the stairs. 그녀는 계단을 올라가.

09. Do not put sugar (up / into) my coffee. 내 커피 안에 설탕 넣지 마.

10. They slide (down / into) the hill. 그들은 언덕을 미끄러져 내려와.

11. Dolphins are jumping (down / out of) the water.
돌고래들이 물 밖으로 점프하고 있어.

12. Two kids are going (up / into) the stairs.
두 명의 아이들이 계단을 올라가고 있어.

정답과 해설 p.7

Let's Practice More!

SET 02

학습목표 1 | 방향의 전치사 up, down, into, out of의 쓰임을 알아보아요. 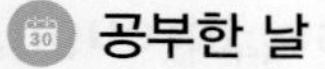 공부한 날 : 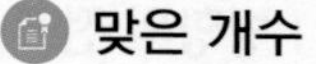 맞은 개수 : /14개

 주어진 우리말 뜻을 보고 밑줄 친 전치사가 바르게 쓰였으면 ○표, 틀렸으면 바르게 고쳐 쓰세요.

01. Sihu is climbing down the jungle gym. → up
시후는 정글짐을 오르고 있어.

02. We walk into the street. → ______
우리는 길을 걸어 내려가.

03. Dolphins are jumping out of the water. → ______
돌고래들이 물 밖으로 점프하고 있어.

04. Mom walks into the garden. 엄마가 정원 안으로 걸어 들어오셔. → ______

05. They are going down the mountain. 그들은 산에 오르고 있어. → ______

06. A monkey is climbing into the tree. 원숭이 한 마리가 나무를 올라가고 있어. → ______

07. She gets down the pool. 그녀는 수영장 밖으로 나와. → ______

08. She is walking down the stairs. 그녀는 계단을 걸어 내려가고 있어. → ______

09. Do not put sugar up my coffee. 내 커피 안에 설탕 넣지 마. → ______

10. She goes up the stairs. 그녀는 계단을 올라가. → ______

11. A strange man goes into the store. 수상한 남자가 가게 안으로 들어가. → ______

12. A woman is getting into the car. → ______
한 여자가 차 밖으로 나오고 있다.

13. You put a coin down a piggy bank. 넌 동전을 돼지저금통 안에 넣어. → ______

14. Nara is sliding down the slide. 나라는 미끄럼틀을 미끄러져 내려가고 있어. → ______

정답과 해설 p.7

Let's Practice More!

SET 03

학습목표 2 | 방향의 전치사 across, through, from, to의 쓰임을 알아보아요.

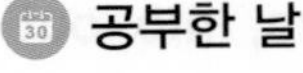

공부한 날 :

맞은 개수 : /12개

주어진 우리말 뜻에 맞게 다음 ( ) 안에서 알맞은 전치사를 골라 보세요.

01. Birds fly (across / from) the river. 새들은 강을 가로질러 날아.

02. A car goes (up / through) a tunnel. 차 한 대가 터널을 통과해서 간다.

03. Leaves fall (across / from) the trees. 나뭇잎들이 나무에서 떨어져.

04. We go (to / through) the beach together. 우리는 함께 바닷가에 가.

05. A policeman follows him (across / from) the street.
경찰이 거리를 가로질러 그를 쫓아가.

06. Are we going (to / through) the tunnel? 우리가 터널을 통과해서 가고 있니?

07. He fell (from / to) the jungle gym. 그는 정글짐에서 떨어졌어.

08. This airplane flies from Seoul (to / through) Tokyo.
이 비행기는 서울에서 도쿄로 비행해.

09. She goes (from / to) the mountain with me.
그녀는 나와 함께 산에 가.

10. We walk (across / from) the street. 우리는 길을 건너서 걸어가.

11. It is open (across / from) 8 a.m. to 9 p.m.
그것은 오전 8시부터 오후 9시까지 열려있어.

12. The Han River flows (to / through) Seoul. 한강은 서울을 통과해서 흐른다.

정답과 해설 p.7

Let's Practice More!

SET 04

학습목표 2 | 방향의 전치사 across, through, from, to의 쓰임을 알아보아요.

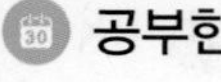 공부한 날 : 맞은 개수 : /14개

 주어진 우리말 뜻을 보고 밑줄 친 전치사가 바르게 쓰였으면 ○표, 틀렸으면 바르게 고쳐 쓰세요.

01. Birds fly across the river. → ○
새들은 강을 가로질러 날아.

02. Are we going through the tunnel? → ______
우리가 터널을 통과해서 가고 있나요?

03. It takes twenty minutes to get there through our house. → ______
우리 집에서 거기까지 가는 데 20분이 걸려.

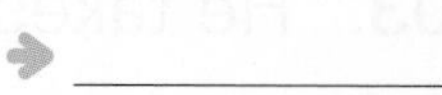

04. I'm going through the post office. 나는 우체국에 가는 중이야. → ______

05. He fell across the jungle gym. 그는 정글짐에서 떨어졌어. → ______

06. Nari goes to the swimming pool. 나리는 수영장에 가. → ______

07. Leaves fall through the trees. 나뭇잎들이 나무에서 떨어져. → ______

08. A policeman follows him across the street. 경찰이 거리를 가로질러 그를 쫓아가. → ______

09. A car goes across a tunnel. 차 한 대가 터널을 통과해서 간다. → ______

10. It is open from 8 a.m. to 9 p.m. → ______
그것은 오전 8시부터 오후 9시까지 열려있어.

11. We go through the beach together. 우리는 함께 바닷가에 가. → ______

12. We walk through the street. → ______
우리는 길을 건너서 걸어가.

13. I moved from Seoul to Jeonju. 나는 서울에서 전주로 이사했어. → ______

14. The Han River flows across Seoul. 한강은 서울을 통과해서 흐른다. → ______

정답과 해설 p.7

Let's Practice More!

SET 05

학습목표 3 | 기타 전치사 with, without, like, by의 쓰임을 알아보아요. 공부한 날 : 맞은 개수 : /14개

밑줄 친 전치사가 바르게 쓰였으면 ○표, 틀렸으면 바르게 고쳐 쓰세요.

01. You usually have dinner with your family. → ○
너는 보통 너의 가족과 함께 저녁을 먹어.

02. He walks quietly like a cat. → ______
그는 고양이처럼 조용히 걸어.

03. He takes a picture without his sister. → ______
그는 그의 누나와 함께 사진을 찍는다.

04. You can go there like bicycle. 너는 그곳에 자전거를 타고 갈 수 있어. → ______

05. We cannot be happy without love. 우리는 사랑 없이는 행복할 수 없어. → ______

06. When we go home, we will go like bus. → ______
집에 갈 때, 우리는 버스를 타고 갈 거야.

07. We can't live with a heater. 우리는 히터 없이 살 수 없어. → ______

08. He smiles like an angel. 그는 천사처럼 웃어. → ______

09. She draws a picture without her father. → ______
그녀는 그녀의 아버지와 함께 그림을 그려.

10. Don't go out with a coat. 코트 없이 밖에 나가지 마. → ______

11. They are busy like honeybees. 그들은 꿀벌들처럼 바빠. → ______

12. There is a girl without black hair. → ______
검은 머리를 가진 여자아이가 있어.

13. We travel by train. 우리는 기차를 타고 여행해. → ______

14. She swims like a mermaid. 그녀는 인어처럼 수영해. → ______

정답과 해설 p.7

Let's Practice More!

SET 06

학습목표 4 | 다양한 전치사의 쓰임을 익혀 보아요. 공부한 날 : 맞은 개수 : /14개

주어진 우리말 뜻에 맞게 다음 ( ) 안에서 알맞은 전치사를 골라 보세요.

01. Sihu is playing (with / without) Mina.
시후는 미나와 함께 놀고 있다.

02. He smiles (like / by) an angel. 그는 천사처럼 웃어.

03. They move (to / from) a warmer place. 그들은 더 따뜻한 곳으로 이동해.

04. He runs (into / out of) the store. 그는 가게 밖으로 달려가.

05. She goes on a picnic (with / without) her parents.
그녀는 그녀의 부모님과 함께 소풍을 가.

06. Mom walks (into / out of) the garden. 엄마가 정원 안으로 걸어 들어오셔.

07. Two kids are going (up / down) the stairs. 두 명의 아이들이 계단을 올라가고 있다.

08. When we go home, we will go (like / by) bus.
집에 갈 때, 우리는 버스를 타고 갈 거야.

09. This airplane flies (to / from) Seoul to Tokyo. 이 비행기는 서울에서 도쿄로 비행해.

10. They are busy (like / by) honeybees. 그들은 꿀벌들처럼 바빠.

11. There is no smoke (with / without) fire.
아니 땐 굴뚝에 연기 나랴. (원인 없는 결과는 없다.)

12. They travel (like / by) airplane. 그들은 비행기를 타고 여행해.

13. She gets (into / out of) the pool. 그녀는 수영장 밖으로 나와.

14. Mina rides a bicycle (with / without) her mother.
미나는 그녀의 엄마 없이 자전거를 타.

정답과 해설 p.7

Let's Practice More!

SET 07

학습목표 5 | 전치사를 사용하여 문장을 완성해 보아요.　　공부한 날 :　　맞은 개수 :　　/20개

 우리말 뜻에 맞도록 주어진 표현을 알맞은 순서로 배열하세요.

01. (the pool / She / jumped into).
그녀는 수영장 안으로 뛰어 들었어.

➜ She jumped into the pool.

02. (is climbing up / A monkey / the tree).
원숭이 한 마리가 나무를 올라가고 있어.

➜ ______________________.

03. (the river / Birds fly / across). 새들은 강을 가로질러 날아.

➜ ______________________.

04. (is climbing up / the jungle gym / Sihu). 시후는 정글짐을 오르고 있어.

➜ ______________________.

05. (slide down / the hill / They). 그들은 언덕을 미끄러져 내려와.

➜ ______________________.

06. (through / Are we / the tunnel / going)? 우리가 터널을 통과해서 가고 있나요?

➜ ______________________?

07. (the store / out of / He runs). 그는 가게 밖으로 달려가.

➜ ______________________.

08. (goes up / She / the stairs). 그녀는 계단을 올라가.

➜ ______________________.

09. (put a coin / a piggy bank / You / into).
넌 동전을 돼지저금통 안에 넣어.

➜ ______________________.

정답과 해설 p.7

10. (We / the street / walk down). 우리는 길을 걸어 내려가.

➔ ____.

11. (is walking / the stairs / down / She). 그녀는 계단을 걸어 내려가고 있어.

➔ ____.

12. (are going up / Two kids / the stairs). 두 명의 아이들이 계단을 올라가고 있다.

➔ ____.

13. (into / Mom / the garden / walks).

엄마가 정원 안으로 걸어 들어오셔.

➔ ____________________.

14. (goes through / a tunnel / A car).

차 한 대가 터널을 통과해서 간다.

➔ ____________________.

15. (the slide / Nara / is sliding down). 나라는 미끄럼틀을 미끄러져 내려가고 있어.

➔ ____.

16. (follows him / the street / A policeman / across).

경찰이 거리를 가로질러 그를 쫓아가.

➔ ________________________________.

17. (gets out of / She / the pool). 그녀는 수영장 밖으로 나와.

➔ ________________________________.

18. (flows through / The Han River / Seoul). 한강은 서울을 통과해서 흐른다.

➔ ____.

19. (A strange man / the store / goes into). 수상한 남자가 가게 안으로 들어가.

➔ ____.

20. (the car / A woman / is getting out of). 한 여자가 차 밖으로 나오고 있다.

➔ ____.

정답과 해설 p.7

Let's Practice More!

SET 08

학습목표 5 | 전치사를 사용하여 문장을 완성해 보아요.  공부한 날 :  맞은 개수 : /20개

 우리말 뜻에 맞도록 주어진 표현을 알맞은 순서로 배열하세요.

01. (like / a cat / He / walks quietly).
그는 고양이처럼 조용히 걸어.

➔ He walks quietly like a cat.

02. (is a thief / with / a black cap / He)!
그는 검은 모자를 쓴 도둑이야!

➔ ______________________________!

03. (It takes / from our house / twenty minutes to get there).
우리 집에서 거기까지 가는 데 20분이 걸려.

➔ ______________________________.

04. (She / with / Mike / studies science). 그녀는 Mike와 함께 과학을 공부해.

➔ ______________________________.

05. (going / I'm / the post office / to). 나는 우체국에 가는 중이야.

➔ ______________________________.

06. (from Seoul / I moved / to Jeonju). 나는 서울에서 전주로 이사했다.

➔ ______________________________.

07. (They / with / do their homework / their grandfather).
그들은 그들의 할아버지와 함께 숙제한다.

➔ ______________________________.

08. (no smoke / There is / without / fire). 아니 땐 굴뚝에 연기 나랴. (원인 없는 결과는 없다.)

➔ ______________________________.

09. (the swimming pool / goes to / Nari). 나리는 수영장에 가.

➔ ______________________________.

정답과 해설 p.7

10. (the jungle gym / He fell / from). 그는 정글짐에서 떨어졌어.

➔ ____.

11. (like / an angel / He smiles). 그는 천사처럼 웃어.

➔ ______________________.

12. (by / We travel / train). 우리는 기차를 타고 여행해.

➔ ______________________.

13. (We / to the beach / go). 우리는 바닷가에 가.

➔ ____.

14. (like / She swims / a mermaid). 그녀는 인어처럼 수영해.

➔ ____.

15. (cannot be happy / We / without / love). 우리는 사랑 없이는 행복할 수 없어.

➔ ____.

16. (by / They travel / airplane). 그들은 비행기를 타고 여행해.

➔ ______________________________________.

17. (with / my sister / I / will go there). 나는 그곳에 나의 여동생과 함께 갈 거야.

➔ ____.

18. (by / bicycle / can go there / You). 너는 그곳에 자전거를 타고 갈 수 있어.

➔ ____.

19. (without / We / a heater / cannot live). 우리는 히터 없이 살 수 없어.

➔ ____.

20. (her swimsuit / She / without / went to the pool). 그녀는 수영복 없이 수영장에 갔어.

➔ ____.

정답과 해설 p.8

실전테스트

CHAPTER 01~02

공부한 날 :

복습한 날 :

부모님 확인 :

CHAPTER 01 접속사 CHAPTER 02 전치사

● 정답과 해설은 별책 8쪽에서 확인하세요!!

[01-02] 다음 그림을 보고, ( ) 안에서 알맞은 전치사를 골라 ○표 하세요.

01

There is a cat (in front of / on) the bench.

02

A boy is hiding (between / behind) the tree.

03

다음 문장의 빈칸에 들어갈 알맞은 단어를 고르세요.

I woke up late, ________ I missed the bus.
(나는 늦게 일어나서 버스를 놓쳤어.)

① but ② if
③ so ④ or

04

다음 그림을 보고, 빈칸에 알맞은 말을 쓰세요.

Hurry up, ________ you will be late for school.

05

우리말 해석과 같도록 다음 표현을 순서에 맞게 배열하여 문장을 완성하세요.

(feel, but, good, tired, I).
(나는 기분이 좋지만 피곤하다.)

⇨ ________________________

[06~09] 다음 그림을 보고, 빈칸에 알맞은 전치사를 [보기]에서 골라 쓰세요.

[보기] at, by, under, on

06

He goes to school __________ bus.

07

She can't find her glasses. They are __________ the desk.

08

I will read a book __________ 9 p.m.

09

I played the piano __________ Monday.

[10-11] 우리말 해석과 같도록 빈칸에 알맞은 전치사를 쓰세요.

10

We can be happy __________ a lot of money.
(우리는 많은 돈이 없어도 행복할 수 있다.)

11

In Korea, it snows __________ December __________ February.
(한국에서는 12월부터 2월까지 눈이 내린다.)

[12-13] 다음 문장에서 밑줄 친 곳을 바르게 고치세요.

12

<u>Where</u> I was a baby, I slept 12 hours a day.

____

13

I couldn't sleep <u>because</u> the noise.

____

실전테스트

[14~16] 다음 ( ) 안에서 알맞은 것에 ○표 하세요.

14

I didn't know about the exam (until / by) today.

15

Mothers carry their babies (for / during) 10 months.

16

We stopped the car (because / because of) the accident.

[17~18] 빈칸에 공통으로 들어갈 알맞은 단어를 쓰세요.

17 __________

- I wear my raincoat __________ it rains.
  (비가 올 때 나는 우비를 입어.)
- We can go __________ the green light is on.
  (우리는 초록불이 켜져 있을 때 갈 수 있어.)

18 __________

- I wash my hands __________ I have dinner.
  (나는 저녁을 먹기 전에 손을 씻어.)
- I lived in Busan __________ I moved to Seoul.
  (난 서울로 이사가기 전에 부산에 살았어.)

[19~21] 다음 그림을 보고, [보기]에서 알맞은 단어를 골라 빈칸을 채우세요.

[보기] when, after, before

19

8:00 a. m. 11:00 a. m.

He exercises __________ he has breakfast.

20

He listens to music __________ he eats.

21

3:00 p. m. 7:30 p. m.

She cleans her room __________ she starts studying.

22

다음 밑줄 친 부분의 뜻이 나머지와 다른 하나를 고르세요.

① I like your coat.
② You look like your aunt.
③ Do you like cats?
④ She doesn't like coffee.

23
다음 그림의 상황에 맞도록 대화의 빈칸에 들어갈 가장 알맞은 말을 고르세요.

M: Where is Nami?
W: She is sitting __________ Jina.

① next to ② behind
③ in front of ④ between

24
주어진 문장의 밑줄 친 in과 쓰임이 다른 것을 고르세요.

The kids are playing in the street.

① I live in Gwangju.
② It is a country in Asia.
③ Let's meet in the morning.
④ There is a table in the living room.

[25~26] 다음 빈칸에 들어갈 단어가 나머지와 다른 하나를 고르세요.

25
① The TV show ends __________ April 3rd.
② We will go shopping __________ the weekend.
③ She was born __________ August.
④ They met __________ Thursday.

26
① It was cloudy __________ the afternoon.
② They went to Hawaii __________ 2003.
③ He goes skiing __________ winter.
④ They were in the school __________ 2:30.

27
빈칸에 공통으로 들어갈 알맞은 단어를 쓰세요.

• Hurry up, __________ you will get there on time.
• Wake up, __________ you can eat breakfast.

⇨ __________

28
우리말 해석과 같도록 빈칸에 알맞은 접속사를 쓰세요.

공항에 도착했을 때, 나는 매우 배가 고팠다.
__________ I arrived at the airport, I was very hungry.

[29-30] 다음 문장을 밑줄 친 부분에 유의하여 우리말로 해석하세요.

29
Take a taxi, and you will not be late.

⇨ __________

30
Say sorry, or I will never see you again.

⇨ __________

Chapter 03 문장의 형식

이 챕터에서는 영어 문장을 구성하는
'문장의 형식'에 대해 배워 보아요.

☆ 학습 방향 및 배울 내용 미리보기 ☆

☐ **Unit 01 : 주어, 동사, 목적어, 보어**
영어의 필수 문장 성분
영어의 네 가지 필수 문장 성분인 주어, 동사, 목적어, 보어의 의미와 특징에 대해 알아보아요.

☐ **Unit 02 : The sun rises.**
1형식
1형식의 구성, 그리고 1형식 문장에서 필수 구성 성분과 꾸미는 말을 구분하는 방법을 알려 줄게요.

☐ **Unit 03 : You are cute.**
2형식
2형식의 구성, 그리고 다양한 상태변화 동사들과 감각동사들에 대해 알아보아요.

☐ **Unit 04 : I like my teacher. / He made her cookies.**
3형식과 4형식
3형식과 4형식의 구성과 의미 및 특징에 대해 알아보아요.

☐ **Unit 05 : Sihu gave a present to me.**
4형식을 3형식으로 바꾸기
4형식을 3형식으로 바꾸는 방법, 그리고 4형식을 3형식으로 바꿀 때 동사에 따라 다르게 쓰이는 전치사들에 대해 알아보아요.

☐ **Unit 06 : He made me angry.**
5형식
5형식의 구성 및 특징, 그리고 4형식과 5형식을 구별하는 방법을 알려 줄게요.

단어 미리보기

이 챕터에 나올 단어들 중 이미 알고 있는 단어가 있나요?
맞는 뜻을 골라 체크해 봐요.

날짜 : 이름 : 알고 있는 단어의 수 : /24개

No.	아는 단어	단어	품사	알맞은 뜻에 체크 표시해 봐요.			
1	☑	loudly	부사	작게	☐	크게	☑
2	☐	history	명사	음악	☐	역사	☐
3	☐	bloom	동사	(꽃) 피다	☐	(꽃) 지다	☐
4	☐	frog	명사	개구리	☐	알	☐
5	☐	shine	동사	소리치다	☐	빛나다	☐
6	☐	voice	명사	자주색	☐	목소리	☐
7	☐	handsome	형용사	잘생긴	☐	손가락의	☐
8	☐	happiness	명사	슬픔	☐	행복	☐
9	☐	perfect	형용사	완벽한	☐	불완전한	☐
10	☐	noisy	형용사	조용한	☐	시끄러운	☐
11	☐	puzzle	명사	퀴즈	☐	퍼즐	☐
12	☐	vocal	형용사	목소리의	☐	가수의	☐
13	☐	truth	명사	거짓	☐	진실	☐
14	☐	queen	명사	왕	☐	여왕	☐
15	☐	son	명사	아들	☐	해	☐
16	☐	mistake	명사	실수	☐	의도	☐
17	☐	show	동사	거짓말하다	☐	보여주다	☐
18	☐	shout	동사	소리치다	☐	조용히 하다	☐
19	☐	find	동사	묻다	☐	찾다	☐
20	☐	bitter	형용사	단	☐	쓴	☐
21	☐	roll	동사	굴리다	☐	빵을 굽다	☐
22	☐	snowman	명사	눈사람	☐	눈싸움	☐
23	☐	piggy bank	명사	은행	☐	돼지 저금통	☐
24	☐	evening	명사	아침	☐	저녁	☐

영어의 필수 문장 성분

UNIT 01 주어, 동사, 목적어, 보어

영어의 네 가지 필수 문장 성분인 주어, 동사, 목적어, 보어에 대해 배워 보아요.

❖ POiNT 1 ❖

주어 – 동작을 행하는 주체로 우리말 '~은', '~는', '~이', '~가'에 해당해요.

Birds fly in the sky. 새들이 하늘에서 난다.

John played basketball. John은 농구를 했다.

❖ POiNT 2 ❖

동사 – 상태나 움직임을 나타내며, 우리말 '~(하)다'에 해당해요.

I **drink** milk every day. 나는 매일 우유를 마신다.

Everyone **laughs** loudly. 모두가 크게 웃는다.

❖ POiNT 3 ❖

목적어 – 동작의 대상이 되는 말로 우리말 '~을', '~를'에 해당해요.

I can speak **Chinese**. 나는 중국어를 할 수 있다.

I met **my grandmother** yesterday. 나는 어제 나의 할머니를 만났다.

❖ POiNT 4 ❖

보어 – 보어는 보충해주는 말이에요. 동사만으로는 문장의 의미를 명확하게 나타낼 수 없을 때 보어를 써 줘요. 주어를 보충해주면 주격 보어, 목적어를 보충해주면 목적격 보어라고 해요.

My hamster is **cute**. 나의 햄스터는 귀여워.

⇨ **주격보어** : 주어인 My hamster를 보충하는 말이에요.

We saw him **dancing**. 우리는 그가 춤추는 것을 봤어.

⇨ **목적격보어** : 목적어인 him을 보충하는 말이에요.

Check and Write

A 다음 주어진 문장의 주어에 밑줄을 치세요.

1. The baby cried. 그 아기는 울었어.
2. My favorite subject is history.
   내가 가장 좋아하는 과목은 역사야.
3. Tony lives in New York. Tony는 뉴욕에 살아.
4. The movie is very interesting. 그 영화는 매우 재미있어.

B 다음 주어진 문장의 동사에 밑줄을 치세요.

1. Sihu talks a lot. 시후는 많이 말해.
2. The phone rang. 전화기가 울렸어.
3. She has many flowers in her garden.
   그녀는 그녀의 정원에 많은 꽃을 가지고 있어.
4. My dad bought a new smartphone.
   나의 아빠는 새 스마트폰을 사셨어.

C 다음 주어진 문장의 목적어에 밑줄을 치세요.

1. Tom studied math. Tom은 수학을 공부했어.
2. Jane doesn't know them. Jane은 그들을 알지 못해.
3. John played the piano. John은 피아노를 쳤어.
4. They planted a tree. 그들은 나무 한 그루를 심었어.

D 다음 주어진 문장의 보어에 밑줄을 치세요.

1. My teacher is kind. 나의 선생님은 친절해.
2. He became a singer. 그는 가수가 되었어.
3. The baseball game was boring. 그 야구 경기는 지루했어.
4. I heard the birds sing. 나는 새들이 노래하는 것을 들었어.
5. My boyfriend is handsome.
   내 남자친구는 잘 생겼어.
6. He looks angry. 그는 화나 보여.

정답과 해설 p.8

UNIT 1형식

02 The sun rises.

영어의 모든 문장은 5가지 형식으로 나눌 수 있어요. 먼저 1형식에 대해 배워 보아요.

❖ POiNT 1 ❖

1형식의 구성 : 1형식은 주어와 동사로 이루어진 문장이에요.

The sun rises. 태양이 떠오른다.
(The sun: 주어, rises: 동사)

A dog runs. 개가 달린다.
(A dog: 주어, runs: 동사)

The flowers bloom. 꽃들이 핀다.
(The flowers: 주어, bloom: 동사)

❖ POiNT 2 ❖

1형식에서 꾸미는 말 구분하기

영어의 1형식 문장이 주어와 동사만으로 이뤄진 경우는 많지 않아요.
대부분은 꾸미는 말과 함께 쓰여요. 따라서 문장의 필수 구성 성분(주어, 동사)과 꾸미는 말을 구분할 줄 알아야 해요.

I go to school. 나는 학교에 간다.

⇨ I + go + (to school).
(I: 주어, go: 동사, to school: 꾸미는 말)

Birds fly in the sky. 새들이 하늘에서 난다.

⇨ Birds + fly + (in the sky).
(Birds: 주어, fly: 동사, in the sky: 꾸미는 말)

The earth moves around the sun. 지구는 태양 주위를 돈다.

⇨ The earth + moves + (around the sun).
(The earth: 주어, moves: 동사, around the sun: 꾸미는 말)

Check and Write

A 다음 문장에서 주어를 찾아 빈칸에 쓰세요.

1. The snow melts. ⇨ The snow
   눈이 녹아.

2. Everyone laughed loudly. ⇨ ______
   모든 사람이 크게 웃었어.

3. Children played on the playground. 아이들은 놀이터에서 놀았어. ⇨ ______

B 다음 문장에서 동사를 찾아 빈칸에 쓰세요.

1. The snow melts. ⇨ melts
   눈이 녹아.

2. Everyone laughed loudly. ⇨ ______
   모든 사람이 크게 웃었어.

3. Children played on the playground. ⇨ ______
   아이들은 놀이터에서 놀았어.

C 다음 1형식 문장에서 꾸미는 말을 찾아 동그라미 하세요.

1. The sun rises in the east.
   해는 동쪽에서 떠.

2. Mike sings well.
   Mike는 노래를 잘해.

3. The snow falls on the ground.
   눈은 땅 위에 떨어져.

4. Tony sat on the bench.
   Tony는 벤치에 앉았어.

정답과 해설 p.8

Practice 1 필수 문장 성분인 주어와 동사를 구분해 보아요.

[A-B] 우리말 뜻에 어울리도록 알맞은 주어를 보기에서 골라 빈칸에 써 보세요.

A Spring

보기 Flowers grass snow Frogs Spring

1. Spring is warm. 봄은 따뜻해.
2. ________ bloom in the garden. 정원에 꽃들이 피어나.
3. The ________ melts. 눈이 녹아.
4. The ________ sprouts. 풀잎이 돋아나.
5. ________ wake up from their winter sleep. 개구리들은 겨울잠에서 깨어나.

B Summer

보기 Jake clothes weather sun We

1. The ________ is hot. 날씨가 더워.
2. ________ went to the beach. 우리는 해변에 갔어.
3. My ________ got wet. 내 옷은 젖었어.
4. The ________ shines brightly. 태양이 밝게 빛나.
5. ________ is a good swimmer. Jake는 수영을 잘해.

정답과 해설 p.8

CH 03

[C-D] 우리말 뜻에 어울리도록 알맞은 동사를 보기에서 골라 빈칸에 써 보세요.

C Autumn

보기	need	turn	burnt	collects	blows

1. The leaves __turn__ red and yellow.
   나뭇잎들은 빨갛고 노랗게 변해.

2. My sister __________ the fallen leaves.
   나의 여동생은 낙엽을 모아.

3. My dad __________ the fallen leaves. 아빠는 낙엽을 태우셨어.

4. The wind __________. 바람이 불어.

5. I __________ a scarf. 난 목도리가 필요해.

D Winter

보기	is	roll	are	falls	make

1. The snow __________ on the ground.
   눈이 땅에 떨어져.

2. The city __________ white.
   도시는 하얀색이야.

3. I __________ a snowman with my brother. 난 형과 함께 눈사람을 만들어.

4. We __________ the snow into a ball. 우리는 눈을 굴려서 동그랗게 만들어.

5. We __________ excited! 우린 신나!

정답과 해설 p.8

Practice 2 필수 문장 성분인 목적어와 보어를 구분해 보아요.

[1–10] 다음 문장에서 목적어를 찾아 빈칸에 써 보세요.

1. My family planted a tree.

   나의 가족은 나무 한 그루를 심었어.

   ➔ a tree

2. He plays tennis.

   그는 테니스를 쳐.

   ➔ ____________

3. Janet opened the door. ➔ ____________

   Janet은 그 문을 열었어.

4. Kate has a brother. ➔ ____________

   Kate는 남동생 한 명이 있어.

5. Sihu likes Mina. ➔ ____________

   시후는 미나를 좋아해.

6. We watch TV after dinner. ➔ ____________

   우리는 저녁을 먹은 후에 TV를 봐.

7. I don't know him. ➔ ____________

   나는 그를 몰라.

8. She heard his voice. ➔ ____________

   그녀는 그의 목소리를 들었어.

9. My brother bought a notebook. ➔ ____________

   우리 형은 노트북을 샀어.

10. I love computers. ➔ ____________

    나는 컴퓨터를 좋아해.

정답과 해설 p.8

[11–20] 다음 문장에서 보어를 찾아 빈칸에 써 보세요.

11. He looks happy.

그는 행복해 보여.

→ happy

12. The movie made me sad.

그 영화는 나를 슬프게 만들었어.

→ ______

13. We call her angel.

우리는 그녀를 천사라고 불러.

→ ______

14. I kept my room clean.

나는 내 방을 깨끗하게 유지했어.

→ ______

15. The man is strong.

그 남자는 강해.

→ ______

16. She became an engineer.

그녀는 엔지니어가 되었어.

→ ______

17. He became a cook.

그는 요리사가 됐어.

→ ______

18. The leaves turn red and yellow.

나뭇잎들은 빨갛고 노랗게 변해.

→ ______

19. My teacher is honest.

나의 선생님은 정직하셔.

→ ______

20. The game is exciting.

그 게임은 흥미로워.

→ ______

정답과 해설 p.8

Practice 3 1형식 문장에서 필수 문장 성분과 꾸며주는 말을 구분해 보아요.

[1–15] 다음 문장에서 꾸며주는 말을 찾아 빈칸에 써 보세요. (없으면 ×표 하세요.)

1. Tony sat on the bench.
   토니는 벤치 위에 앉았어.

→ on the bench

2. She sings well.
   그녀는 노래를 잘 해.

→ ____________

3. The sun shines brightly.
   태양은 밝게 빛나.
   → ____________

4. Time flies so fast.
   시간이 너무 빨리 가.
   → ____________

5. Tomorrow comes soon.
   내일은 곧 와.
   → ____________

6. The snow falls on the ground.
   눈은 땅 위에 떨어져.
   → ____________

7. My feet sank into the snow.
   내 발이 눈 안으로 빠졌어.
   → ____________

8. He stands in the yard.
   그는 마당에 서 있어.
   → ____________

9. I ate like a pig.
   나는 돼지처럼 먹었어.
   → ____________

10. The birds sing.
    그 새들은 노래해.
    → ____________

정답과 해설 p.8

11. The phone rang. → ____________________

전화가 울렸어.

12. Her family lives in Seoul. → ____________________

그녀의 가족은 서울에 살아.

13. His parents live in New York. → ____________________

그의 부모님은 뉴욕에 살고 계셔.

14. The baby cried. → ____________________

그 아기는 울었어.

15. She walks in the morning. → ____________________

그녀는 아침에 걸어.

[16–20] 다음 우리말 뜻과 같도록 주어진 표현을 순서에 맞게 배열하여 문장을 완성하세요.

16. (in the park, runs, A dog).

강아지가 공원에서 달려.

→ A dog runs in the park.

17. (smiled, The baby).

아기가 웃었어.

→ ____________________.

18. (in the spring, The flowers, bloom). 봄에 꽃이 피어.

→ ____________________.

19. (rises, The sun). 해가 떠.

→ ____________________.

20. (from the sky, fell, A bird). 하늘에서 새 한 마리가 떨어졌어.

→ ____________________.

정답과 해설 p.8

Let's Practice More!

SET 01

학습목표 1 | 영어의 필수 문장 성분을 구별해 보아요.　　공부한 날 :　　맞은 개수 :　　/12개

다음 문장의 주어를 찾아 빈칸에 써 보세요.

01. Tony sat on the bench. 토니는 벤치 위에 앉았어. → Tony

02. He stands in the yard. → ______
그는 마당에 서 있어.

03. The phone rang. 전화가 울렸어. → ______

04. A dog runs in the park. → ______
강아지가 공원에서 달려.

05. We call her angel. 우리는 그녀를 천사라고 불러. → ______

06. I don't know him. 나는 그를 몰라. → ______

07. My family planted a tree. 나의 가족은 나무 한 그루를 심었어. → ______

08. The wind blows. 바람이 불어. → ______

09. Jake is a good swimmer. Jake는 수영을 잘 해. → ______

10. Spring is warm. 봄은 따뜻해. → ______

11. We went to the beach. → ______
우리는 해변에 갔어.

12. My sister collects the fallen leaves. → ______
나의 여동생은 낙엽을 모아.

정답과 해설 p.9

Let's Practice More!

SET 02

학습목표 1 | 영어의 필수 문장 성분을 구별해 보아요. 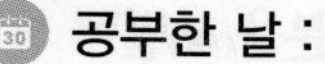 공부한 날 : 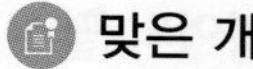 맞은 개수 : /14개

 다음 문장의 동사를 찾아 빈칸에 써 보세요.

01. The flowers bloom in the spring.
봄에 꽃들이 피어. → bloom

02. The grass is green. 풀은 녹색이야. → ________

03. The sun shines brightly. 태양은 밝게 빛나. → ________

04. My dad burnt the fallen leaves. 아빠는 낙엽을 태우셨어. → ________

05. I need a scarf. 난 목도리가 필요해. → ________

06. The children are noisy.
아이들은 시끄러워. → ________

07. Sihu likes Mina. 시후는 미나를 좋아해. → ________

08. We watch TV after dinner. 우리는 저녁을 먹은 후에 TV를 봐. → ________

09. My brother bought a notebook. 우리 형은 노트북을 샀어. → ________

10. He looks happy. 그는 행복해 보여. → ________

11. I am strong. 나는 강해. → ________

12. The leaves turn red and yellow. 나뭇잎들은 빨갛고 노랗게 변해. → ________

13. The game is exciting. 그 게임은 흥미로워. → ________

14. The weather is hot.
날씨가 더워. → ________

정답과 해설 p.9

Let's Practice More!

SET 03

학습목표 1 | 영어의 필수 문장 성분을 구별해 보아요. 공부한 날 : 맞은 개수 : /14개

다음 문장의 목적어에 동그라미하세요.

01. A girl waters the flowers. 한 소녀가 꽃들에게 물을 줘.

02. He plays tennis. 그는 테니스를 쳐.

03. Janet opened the door. Janet은 그 문을 열었어.

04. Kate has a brother. Kate는 남동생 한 명이 있어.

05. Sihu likes Mina. 시후는 미나를 좋아해.

06. We watch TV after dinner. 우리는 저녁을 먹은 후에 TV를 봐.

07. I don't know him. 나는 그를 몰라.

08. She heard his voice. 그녀는 그의 목소리를 들었어.

09. My brother bought a notebook. 우리 형은 노트북을 샀어.

10. I love computers. 나는 컴퓨터를 좋아해.

11. I make a snowman with my brother. 난 형과 함께 눈사람을 만들어.

12. We roll the snow into a ball. 우리는 눈을 굴려서 동그랗게 만들어.

13. My dad burnt the fallen leaves. 아빠는 낙엽을 태우셨어.

14. My sister collects foreign coins. 나의 여동생은 외국 동전을 모아.

정답과 해설 p.9

Let's Practice More!

SET 04

학습목표 1 | 영어의 필수 문장 성분을 구별해 보아요.　　공부한 날 :　　맞은 개수 :　　/12개

 다음 주어진 문장의 보어에 동그라미하세요.

01. He looks happy. 그는 행복해 보여.

02. The man is strong. 그 남자는 강해.

03. She became an engineer. 그녀는 엔지니어가 되었어.

04. The leaves turn red and yellow. 나뭇잎들은 빨갛고 노랗게 변해.

05. The game is exciting. 그 게임은 흥미로워.

06. He became a cook. 그는 요리사가 됐어.

07. Spring is warm. 봄은 따뜻해.

08. The weather is hot. 날씨가 더워.

09. My clothes got wet. 내 옷은 젖었어.

10. He felt sad. 그는 슬퍼했어.

11. Jake is a good swimmer. Jake는 훌륭한 수영선수야.

12. The city is white. 도시는 하얀색이야.

정답과 해설 p.9

Let's Practice More!

SET 05

학습목표 1 | 영어의 필수 문장 성분을 구별해 보아요.   공부한 날 :   맞은 개수 :   /14개

다음 밑줄 친 보어가 주격 보어인지 목적격 보어인지 구별하여 동그라미 하세요.

01. We are excited! (주격보어 / 목적격보어)

02. The leaves turn red and yellow. (주격보어 / 목적격보어)

03. The movie made me sad. (주격보어 / 목적격보어)

04. She became an engineer. (주격보어 / 목적격보어)

05. We call her angel. (주격보어 / 목적격보어)

06. The game is exciting. (주격보어 / 목적격보어)

07. My clothes got wet. (주격보어 / 목적격보어)

08. She became a cook. (주격보어 / 목적격보어)

09. I kept my room clean. (주격보어 / 목적격보어)

10. The city is white. (주격보어 / 목적격보어)

11. The weather is hot. (주격보어 / 목적격보어)

12. Spring is warm. (주격보어 / 목적격보어)

13. Jake is a good swimmer. (주격보어 / 목적격보어)

14. My teacher is honest. (주격보어 / 목적격보어)

정답과 해설 p.9

Let's Practice More!

SET 06

학습목표 2 | 1형식 문장에 대해 알아보아요.

공부한 날 : 맞은 개수 : /14개

다음 1형식 문장의 꾸미는 말에 ( ) 치세요.

01. Tony sat (on the bench).

02. She sings well.

03. The snow falls on the ground.

04. Time flies so fast.

05. Tomorrow comes soon.

06. The sun shines brightly.

07. My feet sank into the snow.

08. He stands in the yard.

09. The sun rises slowly.

10. She jogs in the morning.

11. The flowers bloom in the spring.

12. A bird fell from the sky.

13. Frogs wake up from their winter sleep.

14. We went to the beach.

정답과 해설 p.9

Let's Practice More!

SET 07

학습목표 2 | 1형식 문장에 대해 알아보아요. 공부한 날 : 맞은 개수 : /20개

다음 문장이 1형식이라면 1, 아니라면 ×를 ( ) 안에 쓰세요.

01. I need a scarf. ( )

02. The wind blows. ( )

03. The birds sing. ( )

04. Time flies so fast. ( )

05. The movie made me sad. ( )

06. Kate has a brother. ( )

07. Tomorrow comes soon. ( )

08. We call her angel. ( )

09. She heard his voice. ( )

10. Janet opened the door. ( )

11. The snow falls on the ground. ( )

12. I love computers. ( )

13. The baby cried. ( )

정답과 해설 p.9

14. Spring is warm. ( )

15. The grass is green. ( )

16. She jogs in the morning. ( )

17. My family planted a tree. ( )

18. We are excited! ( )

19. My feet sank into the snow. ( )

20. I kept my room clean. ( )

CH 03

재미로 익히는 문화상식

귀여운 강아지들의 국적을 알아볼까요?

이름 : 시츄 (Shih Tzu)
국적 : 중국

이름 : 요크셔 테리어 (Yorkshire Terrier)
국적 : 영국

이름 : 포메라니안 (Pomeranian)
국적 : 독일

이름 : 말티즈 (Maltese)
국적 : 이탈리아

이름 : 비숑 프리제 (Bichon Frise)
국적 : 벨기에, 프랑스

이름 : 치와와 (Chihuahua)
국적 : 멕시코

정답과 해설 p.9

Let's Practice More!

SET 08

학습목표 3 | 영어의 필수 문장 성분과 1형식 문장에 대해 알아보아요. 공부한 날 : 맞은 개수 : /20개

다음 문장에서 필수 문장 성분을 보기와 같이 구분해 써 보세요.

보기 Spring is warm. 봄은 따뜻해.
주어 동사 보어

01.

The baby cried. 그 아기는 울었어.

02.

The snow falls. 눈이 떨어져.

03. They are happy. 그들은 행복해.

04. The man is strong. 그 남자는 강해.

05. The birds sing. 그 새들은 노래해.

06. His parents are kind. 그의 부모님은 친절해.

07. The ice cream melts. 아이스크림이 녹아.

08. Flowers bloom. 꽃들이 피어나.

09. The leaves turn red and yellow. 나뭇잎들은 빨갛고 노랗게 변해.

정답과 해설 p.9

10. The wind blows. 바람이 불어.

11. 

She became an engineer.

그녀는 엔지니어가 되었어.

12. My clothes got wet.

내 옷은 젖었어.

13. We are excited! 우린 신나!

14. He looks happy. 그는 행복해 보여.

15. She sings. 그녀는 노래해.

16. Jake was a teacher. Jake는 선생님이었어.

17. The phone rang. 전화가 울렸어.

18. My room is clean. 내 방은 깨끗해.

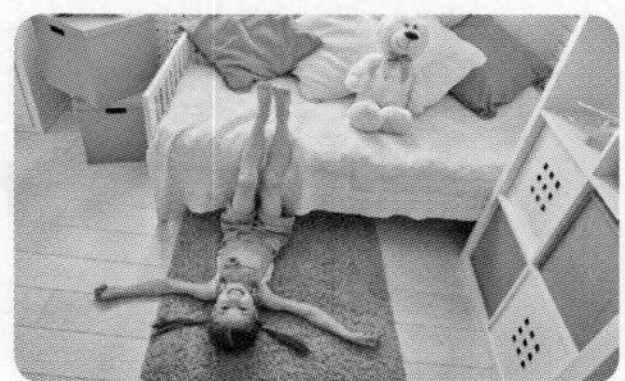

19. A dog runs. 강아지가 달려.

20. A bird fell. 새 한 마리가 떨어졌어.

정답과 해설 p.9

UNIT 03 **You are cute.**

2형식

❖ POiNT 1 ❖

2형식

2형식은 주어+동사+보어로 이루어져 있어요.
이때, 보어는 주어의 상태를 보충 설명한다고 배웠죠? 보어 자리에는 형용사와 명사가 와요.

보어로 형용사가 쓰인 예

She is tall.
그녀는 키가 커.

You are cute.
너는 귀여워.

보어로 명사가 쓰인 예

He is a student.
그는 학생이야.

They are friends.
그들은 친구야.

❖ POiNT 2 ❖

자주 쓰이는 2형식 동사 : 상태변화 동사 vs 감각동사

상태변화 동사는 '~하게 되다, ~(한 상태)가 되다'라는 뜻을 가진 동사들로, become, get, turn이 주로 쓰여요.

Suji **became** a singer.
수지는 가수가 됐어.

He **got** angry.
그는 화가 났어.

His face **turned** red.
그의 얼굴이 붉어졌어.

감각동사에는 feel(촉각), look(시각), taste(미각), sound(청각), smell(후각)이 있어요. 감각동사들이 2형식에서 쓰일 때는 반드시 뒤에 형용사가 와요!

He **looks** sad.
그는 슬퍼 보인다.

She **feels** happy.
그녀는 행복하다고 느낀다.

It **sounds** easy.
그것은 쉬운 것처럼 들린다.

❖ POiNT 3 ❖

감각동사들은 진행형으로 쓰일 수 없어요!

He **is looking** handsome. (×)　It **is tasting** bitter. (×)

Check and Write

A 다음 주어진 문장의 보어에 밑줄을 치세요.

1. The flower smells nice. 그 꽃은 좋은 냄새가 나.
2. They are Korean. 그들은 한국인이야.
3. He looks clever. 그는 영리해 보여.
4. She became an actress. 그녀는 여배우가 되었어.
5. This cat is cute. 이 고양이는 귀여워.
6. I am a teacher. 나는 선생님이야.
7. This car is fast. 이 차는 빨라.
8. They are my parents. 그분들은 내 부모님이야.

B ( ) 안에서 2형식 문장이 되기에 알맞지 않은 것에 ×표 하세요.

1. That sounds (strange / interesting / greatly).
2. Mina's face turned (redly / blue / pale).
3. It (tastes / is tasting) sweet.
4. Math is (my favorite subject / easily / difficult).
5. She will become (a singer / a doctor / dancing).

C 주어진 문장이 2형식 문장이 되도록 알맞은 단어에 동그라미 하세요.

1. This ice cream tastes (sweet / sweetly).
   이 아이스크림은 달콤한 맛이 난다.
2. This spaghetti smells (deliciously / delicious).
   이 스파게티는 맛있는 냄새가 난다.
3. He feels (hungry / hungrily).
   그는 배고프게 느낀다. (그는 배가 고프다.)
4. You look (funny / funnily).
   너는 웃겨 보인다.

정답과 해설 p.9

UNIT

04 I like my teacher. / He made her cookies.

3형식과 4형식

❖ POiNT 1 ❖

3형식

3형식은 주어+동사+목적어로 이루어진 문장이에요.
목적어로는 주로 명사가 쓰이고, '~을', '~를'이라고 해석해요!

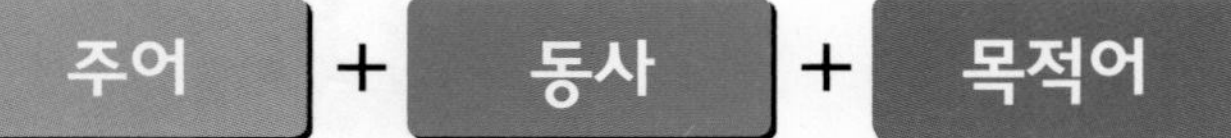

I like my teacher.

나는 내 선생님을 좋아해.

She studies English.

그녀는 영어를 공부해.

❖ POiNT 2 ❖

4형식

4형식은 주어와 동사 그리고 목적어가 두 개 쓰이는 문장이에요.
'~에게'라고 해석하는 **간접목적어**와 '~을', '~를'이라고 해석하는 **직접목적어**가 있어요.
주로 동사 give, write, send, show, tell, teach, buy, cook, make, ask가 쓰이며,
'주어가 ~에게 ~(을)를 ~하다'라는 의미가 된답니다.
반드시 **주어+동사+간접목적어+직접목적어** 순으로 써요!

주어 + 동사 + 간접목적어 + 직접목적어

She	gave	**me**	**a gift**.
그녀는	주었어	나에게	선물을
He	made	**her**	**cookies**.
그는	만들어 주었어	그녀에게	쿠키를

Check and Write

A 다음 문장에서 목적어를 찾아 빈칸에 쓰세요.

1. I made some cake. ⇨ some cake
   나는 약간의 케이크를 만들었어.

2. He bought a book. ⇨ 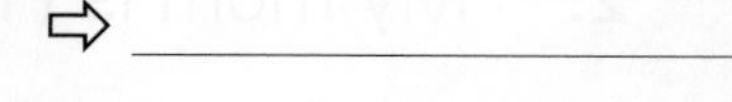
   그는 책 한 권을 샀어.

3. She has a pretty doll. ⇨ ______
   그녀는 예쁜 인형을 가지고 있어.

B 다음 문장에서 간접목적어를 찾아 빈칸에 쓰세요.

1. You should give me the book. ⇨ me
   너는 나에게 그 책을 줘야 해.

2. She made her friend a Pepero. ⇨ 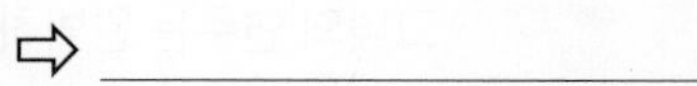
   그녀는 그녀의 친구에게 빼빼로를 만들어 주었어.

3. Jane gave her cat some water. ⇨ ______
   Jane은 그녀의 고양이에게 약간의 물을 주었어.

C 다음 문장에서 직접목적어를 찾아 빈칸에 쓰세요.

1. You should give me the book. ⇨ the book
   너는 나에게 그 책을 줘야 해.

2. She made her friend a Pepero. ⇨ ______
   그녀는 그녀의 친구에게 빼빼로를 만들어주었어.

3. Jane gave her cat some water. ⇨ ______
   Jane은 그녀의 고양이에게 약간의 물을 주었어.

정답과 해설 p.9

Practice 1 2형식, 3형식, 4형식 문장의 구조를 익혀 보아요.

[1–10] 다음 문장이 2형식 문장이 되도록 알맞은 것에 동그라미 하세요.

1. I feel (hungry / hungrily). 나는 배고프게 느낀다.(나는 배가 고파.)

2. My mom is (honest / honestly). 우리 엄마는 정직하시다.

3. You look (happy / happiness). 너는 행복해 보인다.

4. This cake smells (delicious / deliciously). 이 케이크는 맛있는 냄새가 난다.

5. It tastes (sweet / sweetness). 그것은 달콤한 맛이 난다.

6. She became (angrily / a violinist).
그녀는 바이올리니스트가 되었다.

7. He got (ready / readily). 그는 준비가 되었다.

8. Her performance sounds (perfection / perfect).
그녀의 연주는 완벽하게 들린다.

9. She looks (beautifully / beautiful). 그녀는 아름다워 보인다.

10. My face turned (red / redly). 나의 얼굴은 붉게 변했다.

[11–15] 다음 문장이 몇 형식 문장인지 빈칸에 쓰세요.

11. I want happiness. 나는 행복을 원한다. [3 형식]

12. You look sad. 너는 슬퍼 보인다. [형식]

13. She plays the piano. 그녀는 피아노를 연주한다. [형식]

14. We ate some cake. 우리는 약간의 케이크를 먹었다. [형식]

15. The teacher teaches English. 그 선생님은 영어를 가르친다. [형식]

정답과 해설 p.9

[16–20] 다음 문장이 4형식 문장이 되도록 알맞은 것에 동그라미 하세요.

16. He gave (a doll me / me a doll). 그는 나에게 인형을 줬어.

17. Mom made (cookies him / him cookies).
엄마는 그에게 쿠키를 만들어 주셨어.

18. We wrote (her a letter / a letter her).
우리는 그녀에게 편지를 썼어.

19. Sihu sent (a birthday card me / me a birthday card).
시후는 나에게 생일카드를 보냈어.

20. Dad bought (me jeans / jeans me).
아빠는 나에게 청바지를 사주셨어.

Cultural Tips
재미로 익히는 문화상식

각 나라의 특이한 행운의 미신

중국
새해 첫째 날과 둘째 날에는 행운이 함께 날아갈 수 있다고 생각해서 절대 청소하지 않는대요!

스페인
1월1일 12시가 되면 서로에게 행운을 빌면서 종이 한 번 칠 때마다 한 알씩 12개의 청포도를 먹는대요!

러시아
집, 자동차, 사람에게 새똥이 떨어지면 돈이 들어온다고 믿어요!

프랑스
왼발로 강아지 똥을 밟으면 행운이 오고, 오른발로 강아지 똥을 밟으면 불행이 온다는 미신이 있대요!

정답과 해설 p.9

Practice 2 2형식, 3형식, 4형식 문장을 완성해 보아요.

주어진 표현을 바르게 배열하여 문장을 완성하고, 몇 형식 문장인지 쓰세요.

1. (became, He, a scientist).
그는 과학자가 되었어.
➔ He became a scientist
______________________.
[2 형식]

2. (turn, Leaves, red and yellow).
나뭇잎들은 빨갛고 노랗게 변해.
➔ ______________________
______________________.
[형식]

3. (an e-mail, He sent, me). 그는 나에게 이메일 하나를 보냈어.
➔ ______________________. [형식]

4. (looks, He, happy). 그는 행복해 보여.
➔ ______________________. [형식]

5. (me, the truth, He tells). 그는 나에게 진실을 말해.
➔ ______________________. [형식]

6. (This game, exciting, is). 이 게임은 흥미로워.
➔ ______________________. [형식]

7. (smell, Your shoes, bad)! 너의 신발 냄새가 고약해!
➔ ______________________! [형식]

8. (some water, him, I gave). 나는 그에게 약간의 물을 주었어.
➔ ______________________. [형식]

정답과 해설 p.9

9. (He, the piano, plays).

그는 피아노를 친다.

➔ ______________________

______________________.

[형식]

10. (He wrote, a letter, me).

그는 나에게 편지 하나를 써줬어.

➔ ______________________

______________________.

[형식]

11. (sweet, This cake, tastes). 이 케이크는 달콤한 맛이 나.

➔ ______________________. [형식]

12. (We bought, a new bag, him). 우리는 그에게 새 가방 하나를 사주었다.

➔ ______________________. [형식]

13. (She, a cook, became). 그녀는 요리사가 되었어.

➔ ______________________. [형식]

14. (She, him, doesn't know). 그녀는 그를 모른다.

➔ ______________________. [형식]

15. (a ring, me, He made).

그는 나에게 반지 하나를 만들어 주었어.

➔ ______________________

______________________.

[형식]

16. (a present, him, I gave).

나는 그에게 선물 하나를 줬어.

➔ ______________________

______________________.

[형식]

정답과 해설 p.9

17. (a new computer, I, bought). 나는 새 컴퓨터 하나를 샀어.

➜ ______________________________. [형식]

18. (my students, I teach, science).

나는 내 학생들에게 과학을 가르쳐.

➜ ______________________________. [형식]

19. (feel, I, hungry). 나는 배가 고파.

➜ ______________________________. [형식]

20. (him, a favor, I asked). (*favor : 부탁, 호의, 친절) 나는 그에게 부탁했어.

➜ ______________________________. [형식]

Cultural Tips 재미로 익히는 문화상식

귀여운 고양이들의 국적을 알아볼까요?

이름 : 터키시 앙고라 (Turkish Angora)
국적 : 터키

이름 : 샤미즈, 샴 (Siamese)
국적 : 태국

이름 : 노르웨이 숲 고양이 (Norwegian Forest Cat)
국적 : 노르웨이

이름 : 러시안 블루 (Russian Blue)
국적 : 러시아

이름 : 페르시안 (Persian)
국적 : 페르시아

이름 : 아메리칸 숏헤어 (American Shorthair)
국적 : 미국

정답과 해설 p.10

Practice 3 2형식, 3형식, 4형식 문장을 이루는 요소들을 익혀 보아요.

우리말 뜻을 참고하여 (   ) 안에서 알맞은 표현에 동그라미 하세요.

1. We sent (him a letter / a letter him).
우리는 그에게 편지 한 통을 보냈어.

2. This pie smells (delicious / deliciously).
이 파이는 맛있는 냄새가 나.

3. Suzi likes (Minho / happy). 수지는 민호를 좋아해.

4. She showed (a picture me / me a picture).
그녀는 나에게 사진 한 장을 보여줬어.

5. Dad gave (mom a ring / a ring mom).
아빠는 엄마에게 반지 하나를 주셨어.

6. He is (happy / happily).
그는 행복해.

7. Birds sing (noisy / noisily). 새들이 시끄럽게 노래한다(지저귄다).

8. He became (playing basketball / a basketball player).
그는 농구 선수가 되었어.

정답과 해설 p.10

9. His voice sounded (softly / soft).

그의 목소리는 부드럽게 들렸어.

10. Dad cooked (dinner us / us dinner).

아빠는 우리에게 저녁을 요리해주셨어.

11. I made (to mistake / a mistake). 나는 실수했어.

12. She bought (a new toy her baby / her baby a new toy).

그녀는 그녀의 아기에게 새 장난감을 사줬어.

13. I ask (a question him / him a question).

나는 그에게 질문을 하나 해.

14. Leaves turn (red / redly).

나뭇잎들은 붉어져(붉게 변해).

15. This puzzle is (easily / easy).

이 퍼즐은 쉬워.

16. The man is (strong / strongly).

그 남자는 강해.

정답과 해설 p.10

17. My parents washed (clear / the dishes).

나의 부모님은 설거지를 하셨어.

18. He taught (me math / math me).

그는 나에게 수학을 가르쳐줬어.

19. I finished (my homework / do my homework).

나는 내 숙제를 끝냈어.

20. She heard (his voice / vocal). (*vocal : 목소리의, 발성의)

그녀는 그의 목소리를 들었어.

재미로 익히는 문화상식

여러 나라의 독특한 교통수단

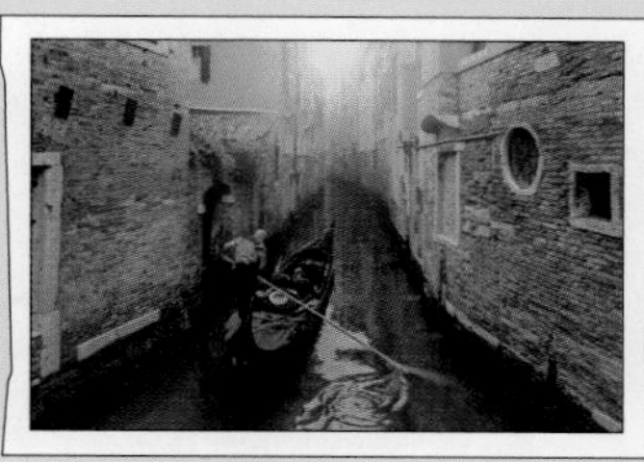

이탈리아의 곤돌라(Gondola)

이탈리아 베네치아 시내에 있는 운하를 운항하는 배예요.
11세기부터 주요 교통수단으로 사용되었지만, 요즘은 수가 적어졌다고 해요.

유럽의 트램(노면전차)(Tram, streetcar)

주로 도로에 만들어진 선로를 따라 전기로 움직이는 전동차를 뜻해요.
독일, 러시아, 우크라이나를 비롯한 나라에서 주로 도시 안이나 근교에서 이동수단으로 이용된다고 해요.

인도네시아와 자전거 택시 베짝(Becak)

자전거 뒤에 인력거가 붙어 있고 운전수가 승객이 원하는 곳까지 운전해줘요.
베짝은 서민들에게는 중요한 교통수단 중 하나라고 해요.

정답과 해설 p.10

Let's Practice More!

SET 01

학습목표 1 | 2형식에 대해 알아보아요. 공부한 날 : 맞은 개수 : /12개

 다음 ( ) 안에서 알맞은 것을 골라 보세요.

01. Your socks (are smelling / smell) bad!
너의 양말 냄새가 고약해!

02. My mom is (honestly / honest). 우리 엄마는 정직하셔.

03. You (are looking / look) happy. 너 행복해 보여.

04. This cake (smells / is smelling) delicious. 이 케이크는 맛있는 냄새가 나.

05. The candy tastes (sweetly / sweet). 그 사탕은 달콤한 맛이 나.

06. She (was becoming / became) a violinist. 그녀는 바이올리니스트가 되었어.

07. He got (ready / readily). 그는 준비가 됐어.

08. Her performance sounds (perfectly / perfect).
그녀의 연주는 완벽하게 들려.

09. My face turned (redly / red). 내 얼굴은 붉어졌어(붉게 변했어).

10. You (look / are looking) sad. 너 슬퍼 보여.

11. I feel (hungry / hungrily). 나는 배고프게 느껴.(나는 배가 고파.)

12. The lemon (is tasting / tastes) sour. (*sour: 신, 시큼한)
그 레몬은 신 맛이 나.

정답과 해설 p.10

Let's Practice More!

SET 02

학습목표 1 | 2형식에 대해 알아보아요.

공부한 날 : 맞은 개수 : /12개

다음 우리말 뜻에 맞도록 주어진 표현을 알맞은 순서로 배열하세요.

01. 그녀는 요리사가 되었어. (became, She, a cook).

➔ She became a cook.

02. 이 파이는 맛있는 냄새가 나. (This pie, delicious, smells).

➔ ______.

03. 그는 행복해. (is, He, happy).

➔ ______.

04. 그는 농구 선수가 되었어. (became, a basketball player, He).

➔ ______.

05. 그의 목소리는 부드럽게 들렸어. (His voice, soft, sounded).

➔ ______.

06. 내 얼굴은 붉어졌어(붉게 변했어). (My face, red, turned).

➔ ______.

07. 이 퍼즐은 쉬워. (is, easy, This puzzle).

➔ ______.

08. 그 남자는 강해. (is, The man, strong).

➔ ______.

09. 그것은 쓴 맛이 나. (bitter, It, tastes).

➔ ______.

10. 그는 과학자가 되었어. (He, a scientist, became).

➔ ______.

11. 나뭇잎들은 빨갛고 노랗게 변해. (turn, Leaves, red and yellow).

➔ ______.

12. 그는 행복해 보여. (He, happy, looks).

➔ ______.

정답과 해설 p.10

Let's Practice More!

SET 03

학습목표 2 | 3, 4형식에 대해 알아보아요. 공부한 날 : 맞은 개수 : /14개

다음 문장의 목적어에 모두 동그라미 하고 빈칸에 몇 형식 문장인지 쓰세요.

01. He sent me an e-mail. 그는 나에게 이메일을 보냈어. [4 형식]

02. He tells me the truth. 그는 나에게 진실을 말해. [형식]

03. He plays the piano. 그는 피아노를 친다. [형식]

04. He wrote me a letter. 그는 나에게 편지 하나를 써줬어. [형식]

05. She doesn't know him. 그녀는 그를 모른다. [형식]

06. We bought him a new bag. 우리는 그에게 새 가방 하나를 사주었다. [형식]

07. I gave him some water. 나는 그에게 약간의 물을 주었어. [형식]

08. I bought a new computer. 나는 새 컴퓨터를 샀어. [형식]

09. I teach my students science. 나는 내 학생들에게 과학을 가르쳐. [형식]

10. I made a mistake. 나는 실수했어. [형식]

11. I washed the dishes. 나는 설거지를 했어. [형식]

12. I ask him a question. 나는 그에게 질문을 해. [형식]

13. She bought her baby a new toy. 그녀는 그녀의 아기에게 새 장난감을 사줬어. [형식]

14. I finished my homework. 나는 내 숙제를 끝냈어. [형식]

정답과 해설 p.10

Let's Practice More!

SET 04

학습목표 2 | 3, 4형식에 대해 알아보아요. 공부한 날 : 맞은 개수 : /12개

다음 ( ) 안에서 알맞은 것을 골라보세요.

01. I wrote (a letter her / her a letter).
나는 그녀에게 편지를 썼어.

02. I (want happiness / happiness want). 나는 행복을 원해.

03. She (the piano plays / plays the piano). 그녀는 피아노를 연주해.

04. We (ate some cake / some cake eat). 우리는 약간의 케이크를 먹었어.

05. Dad bought (jeans me / me jeans).
아빠는 나에게 청바지를 사주셨어.

06. The teacher (English teaches / teaches English).
그 선생님은 영어를 가르치셔.

07. He gave (me a doll / a doll me). 그는 나에게 인형을 주었어.

08. Mom made (cookies him / him cookies). 엄마는 그에게 쿠키들을 만들어 주셨어.

09. Suzi (Minho likes / likes Minho). 수지는 민호를 좋아해.

10. My father (washed the dishes / the dishes washed).
나의 아빠는 설거지를 하셨어.

11. He taught (me math / math me). 그는 나에게 수학을 가르치셨어.

12. Sihu sent (me a birthday card / a birthday card me).
시후는 나에게 생일카드를 보냈어.

정답과 해설 p.10

Let's Practice More!

SET 05

학습목표 3 | 2, 3, 4 형식을 비교해보아요. 공부한 날 : 맞은 개수 : /14개

다음의 밑줄 친 부분이 보어인지 목적어인지 쓰고 몇 형식 문장인지 쓰세요.

01. This pie smells delicious. [보어 , 2 형식]
이 파이는 맛있는 냄새가 나.

02. His voice sounded soft. [, 형식]
그의 목소리는 부드럽게 들렸어.

03. Leaves turn red. 나뭇잎들은 붉어져(붉게 변해). [, 형식]

04. He got a basketball. 그는 농구공을 받았다. [, 형식]

05. Her performance sounds perfect. [, 형식]
그녀의 연주는 완벽하게 들려.

06. My face turned red. 내 얼굴은 붉어졌어(붉게 변했어). [, 형식]

07. I feel the tension. 나는 긴장을 느껴. [, 형식]

08. The cake tastes delicious. 그 케이크는 맛있어. [, 형식]

09. The ice cream tastes sweet. [, 형식]
그 아이스크림은 달콤한 맛이 나.

10. He was happy. 그는 행복했다. [, 형식]

11. Your shoes smell bad! 너의 신발 냄새가 고약해! [, 형식]

12. I tasted the cake. 나는 케이크를 맛봤다. [, 형식]

13. You look funny. 너는 웃겨 보인다. [, 형식]

14. I turned the key in the lock. 나는 자물쇠에 열쇠를 넣고 돌렸다. [, 형식]

정답과 해설 p.10

Let's Practice More!

SET 06

학습목표 3 | 2, 3, 4 형식을 비교해보아요.

공부한 날 : 맞은 개수 : /14개

다음 ( ) 안에서 알맞은 것을 골라보세요.

01. We sent him (a letter / famous).

02. Suzi likes (Minho / lovely).

03. She showed me (fantastic / a picture).

04. Dad gave mom (beautiful / a ring).

05. She bought her baby (interesting / a new toy).

06. Dad cooked us (full / dinner).

07. I made (a mistake / upset).

08. He became (a basketball player / happily).

09. This puzzle is (easily / easy).

10. The man is (strong / strongly).

11. He taught me (difficult / math).

12. I finished (easy / my homework).

13. She heard (his voice / loudly).

14. My mom is (honest / honestly).

정답과 해설 p.10

Let's Practice More!

SET 07

학습목표 3 | 2, 3, 4 형식을 비교해보아요.　　공부한 날 :　　맞은 개수 :　　/20개

우리말 뜻과 같아지도록 다음의 주어진 표현들을 배열하여 문장을 완성하세요.

01. (We, some cake, ate).
우리는 약간의 케이크를 먹었어.

➔ We ate some cake.

02. (look, You, happy).
너 행복해 보여.

➔ ______________________.

03. (looks, beautiful, She). 그녀는 아름다워 보여.

➔ ______________________.

04. (I, happiness, want). 나는 행복을 원해.

➔ ______________________.

05. (the piano, She, plays). 그녀는 피아노를 연주해.

➔ ______________________.

06. (He, me, a picture, showed). 그는 나에게 사진 한 장을 보여줬어.

➔ ______________________.

07. (gave, a doll, He, me). 그는 나에게 인형을 줬어.

➔ ______________________.

08. (Mom, cookies, him, made). 엄마는 그에게 쿠키를 만들어 주셨어.

➔ ______________________.

09. (became, a scientist, He). 그는 과학자가 되었어.

➔ ______________________.

정답과 해설 p.10

10. (noisily, Birds, sing).

새들이 시끄럽게 노래한다(지저귄다).

➔ ______________________.

11. (Dad, us, dinner, cooked).

아빠는 우리에게 저녁을 요리해주셨어.

➔ ______________________.

12. (I, some water, him, gave). 나는 그에게 약간의 물을 주었어.

➔ ______________________.

13. (doesn't, him, She, know). 그녀는 그를 모른다.

➔ ______________________.

14. (a favor, I, asked, him). 나는 그에게 부탁했어.

➔ ______________________.

15. (made, me, He, a ring). 그는 나에게 반지 하나를 만들어 주었어.

➔ ______________________.

16. (This game, exciting, is). 이 게임은 흥미로워.

➔ ______________________.

17. (an e-mail, He, me, sent). 그는 나에게 이메일 하나를 보냈어.

➔ ______________________.

18. (I, a present, him, gave). 나는 그에게 선물 하나를 줬어.

➔ ______________________.

19. (him, I, ask, a question). 나는 그에게 질문을 하나 해.

➔ ______________________.

20. (She, a violinist, became). 그녀는 바이올리니스트가 되었어.

➔ ______________________.

정답과 해설 p.10

Let's Practice More!

SET 08

학습목표 3 | 2, 3, 4 형식을 비교해보아요.

공부한 날 : 　　맞은 개수 : /20개

다음 문장이 몇 형식 문장인지 빈칸에 쓰세요.

01. She became a violinist.
그녀는 바이올리니스트가 되었어.
[2 형식]

02. He gave me a pencil.
그는 내게 연필을 주었다.
[형식]

03. Dad gave mom a ring. [형식]
아빠는 엄마에게 반지를 주셨어.

04. I want happiness. [형식]
나는 행복을 원해.

05. We sent him a letter. [형식]
우리는 그에게 편지를 보냈어.

06. You look happy. [형식]
너는 행복해 보여.

07. She plays the piano. [형식]
그녀는 피아노를 친다.

08. This game is exciting. [형식]
이 게임은 흥미로워.

09. She looks beautiful. [형식]
그녀는 아름다워 보여.

정답과 해설 p.11

10. She doesn't know him. [형식]

그녀는 그를 모른다.

11. We ate some cake. [형식]

우리는 약간의 케이크를 먹었어.

12. I feel hungry.

난 배고파.

[형식]

13. The teacher teaches English.

그 선생님은 영어를 가르치셔.

[형식]

14. Mom made him cookies. [형식]

엄마는 그에게 쿠키를 만들어 주셨어.

15. I bought a new computer. [형식]

나는 새 컴퓨터를 샀어.

16. You look sad. [형식]

너 슬퍼 보여.

17. This cake tastes sweet. [형식]

이 케이크는 달콤한 맛이 나.

18. He wrote her a letter. [형식]

그는 그녀에게 편지 하나를 써줬어.

19. Sihu sent me a birthday card. [형식]

시후는 나에게 생일카드를 보냈어.

20. Suji likes Minho. [형식]

수지는 민호를 좋아해.

정답과 해설 p.11

UNIT 05 **4형식을 3형식으로 바꾸기**

Sihu gave a present to me.

❖ POiNT 1 ❖

4형식을 3형식으로 바꾸기

4형식은 반드시 **간접목적어** 다음에 **직접목적어**가 온다는 것, 기억하고 있죠?
하지만 4형식을 3형식으로 바꾸면 직접목적어를 먼저 쓸 수 있어요.
자세히 알아볼까요?

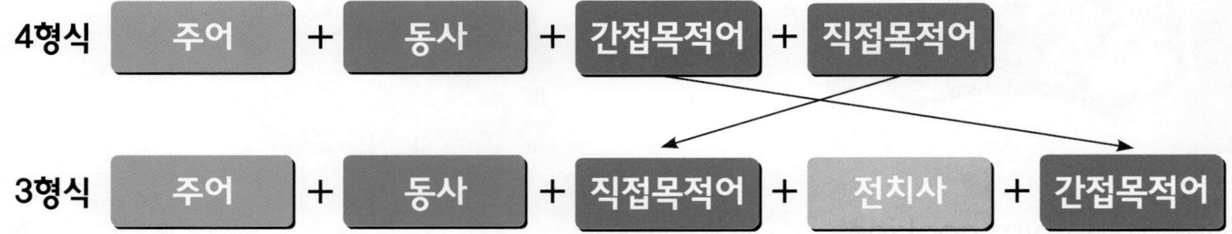

그런데 주의할 점이 있어요. 눈치 챘나요?
4형식을 3형식으로 바꿀 경우, **간접목적어**와 **직접목적어**의 자리가 바뀌고 간접목적어 앞에는 꼭 전치사를 넣어줘야 해요!
이때, 동사에 따라 쓸 수 있는 전치사가 달라지는데, 이어서 알아보도록 해요.

❖ POiNT 2 ❖

전치사 to, for, of

전치사 to를 쓰는 동사 : give, send, show, teach, tell, write, bring, lend

Sihu gave me a present. 시후는 나에게 선물을 주었어.

Sihu gave a present to me.

전치사 for를 쓰는 동사 : buy, cook, find, get, make

She made us some cookies. 그녀는 우리에게 쿠키를 만들어 주었어.

She made some cookies for us.

전치사 of를 쓰는 동사 : ask

He asked me a favor. 그는 나에게 부탁을 하나 했어.

He asked a favor of me.

Check and Write

A 빈칸에 알맞은 전치사를 넣어 보세요.

1. I teach science ___to___ my students.
   나는 내 학생들에게 과학을 가르쳐.

2. He tells the truth __________ me.
   그는 나에게 사실을 말해.

3. She made an apple pie __________ her friend.
   그녀는 그녀의 친구에게 사과 파이를 만들어 주었어.

4. I asked a favor __________ him.
   나는 그에게 부탁을 하나 했어.

5. I gave my book __________ him.
   나는 내 책을 그에게 주었어.

6. Mom bought a computer __________ me.
   엄마는 나에게 컴퓨터를 사주셨어.

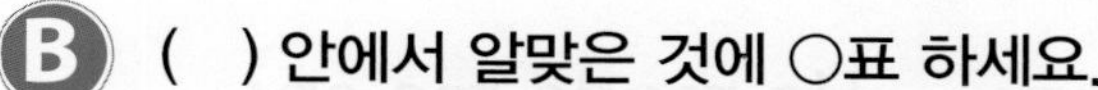

B ( ) 안에서 알맞은 것에 ○표 하세요.

1. She gave roses (to / for / of) her teacher.
   그녀는 그녀의 선생님에게 장미를 주었어.

2. She showed a cat (to / for / of) me.
   그녀는 나에게 고양이 한 마리를 보여줬어.

3. We will write a letter (to / for / of) mom.
   우리는 엄마에게 편지를 쓸 거야.

4. My dad teaches math (to / for / of) us.
   나의 아빠는 우리에게 수학을 가르치셔.

5. We ask a question (to / for / of) him.
   우리는 그에게 질문을 해.

6. She bought candies (to / for / of) me.
   그녀는 나에게 사탕들을 사주었어.

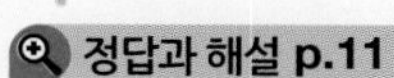
정답과 해설 p.11

UNIT 5형식

06 He made me angry.

❖ POiNT 1 ❖

He made me.
주어 동사 목적어

위 문장은 **주어+동사+목적어**로 이루어진 3형식 문장이에요.
해석하면 '그는 나를 만들었다.'라는 뜻이 되죠.
그런데 이 문장만으로는 뭔가 부족한 느낌이 들죠?
이때 목적어인 '나'를 어떻게 만들었는지 설명하는 목적격 보어를 넣어주면 문장이 완벽해진답니다.

❖ POiNT 2 ❖

5형식

5형식은 **주어+동사+목적어+목적격 보어**로 이루어진 문장이에요.
목적격 보어로는 명사, 형용사, 동사만 써요.

주어 + 동사 + 목적어 + 목적격 보어

He made me a queen. (a queen: 명사)
그는 나를 여왕으로 만들었다.

He made me angry. (angry: 형용사)
그는 나를 화나게 만들었다.

He made me cry. (cry: 동사)
그는 나를 울게 만들었다.

❖ POiNT 3 ❖

4형식과 5형식 비교하기

5형식에서 목적격 보어로 명사가 오는 경우, **4형식과 문장이 비슷**해져요.
하지만 이 두 문장을 구별하는 건 어렵지 않답니다.
주어+동사 뒤에 나오는 **명사 A**와 **명사 B**가 'A는 B이다'이면 5형식이고,
'A는 B가 아니다'이면 4형식이랍니다.

4형식 I made him some cookies. 나는 그에게 쿠키를 좀 만들어줬어.
(him: 간접목적어, some cookies: 직접목적어)
him ≠ some cookies

5형식 I made him a doctor. 나는 그를 의사로 만들었다.
(him: 목적어, a doctor: 목적격 보어)
him = a doctor

Check and Write

A 다음 문장에서 목적어와 목적격 보어를 찾아 쓰세요. (목적격 보어가 없으면 ×표 하세요.)

1. We called him Sihu. 우리는 그를 시후라고 불렀어.
   목적어 him 목적격 보어 Sihu

2. I finished the homework quickly. 나는 숙제를 빨리 끝냈어.
   목적어 ________ 목적격 보어 ________

3. The story made me sad. 그 이야기는 나를 슬프게 만들었어.
   목적어 ________ 목적격 보어 ________

4. I heard someone shout. 나는 누군가가 소리치는 것을 들었어.
   목적어 ________ 목적격 보어 ________

5. She made him a police officer.
   그녀는 그를 경찰관으로 만들었어.
   목적어 ________ 목적격 보어 ________

B 5형식 문장에 ○표, 5형식이 아닌 문장에는 ×표 하세요.

1. It makes me surprised. 그것은 나를 놀라게 만들어. (○)
2. She bought him a cap. 그녀는 그에게 모자 한 개를 사주었어. ( )
3. I heard the baby cry. 나는 그 아기가 우는 것을 들었어. ( )
4. I made my puppy a delicious meal. ( )
   나는 내 강아지에게 맛있는 식사를 만들어 주었어.
5. She made me wash the dishes. 그녀는 내가 설거지를 하게 만들었어. ( )
6. She taught me math. 그녀는 나에게 수학을 가르쳤어. ( )
7. He made his son a doctor. 그는 그의 아들을 의사로 만들었어. ( )
8. The apple turned red. 그 사과는 빨갛게 변했어. ( )
9. I made mom angry. 나는 엄마를 화나게 만들었어. ( )
10. I call her Mina. 나는 그녀를 미나라고 불러. ( )

정답과 해설 p.11

Practice 1 4형식, 5형식 문장을 익혀 보아요.

[1–10] 다음 문장이 몇 형식 문장인지 빈칸에 쓰세요.

1. I made my father laugh. 나는 나의 아빠를 웃게 만들었어. [5 형식]
2. I made my father dinner. 나는 나의 아빠에게 저녁을 만들어 드렸어. [형식]
3. I sent a letter to him. 나는 그에게 편지를 보냈어. [형식]
4. It makes me happy. 그것은 나를 행복하게 만들어. [형식]
5. My mother gave me a snack. 나의 엄마는 나에게 간식을 주셨어. [형식]
6. I heard someone cry. 나는 누군가가 우는 것을 들었어. [형식]
7. Sihu bought her brother a baseball cap. [형식]
   시후는 그녀의 남동생에게 야구 모자를 사주었어.
8. She made me wash the dishes. 그녀는 내가 설거지를 하게 만들었어. [형식]
9. I made my puppy a delicious meal. [형식]
   나는 내 강아지에게 맛있는 식사를 만들어주었어.
10. She gave some cookies to me. 그녀는 나에게 쿠키 조금을 주었어. [형식]

[11–20] ( ) 안에서 적절한 것을 골라 5형식 문장을 완성해 보세요.

11. We made her (angry / angrily). 우리는 그녀를 화나게 만들었어.
12. I heard him (brightly / sing a song). 나는 그가 노래하는 것을 들었어.
13. Sihu saw her (dance / easily). 시후는 그녀가 춤추는 것을 보았어.
14. I saw him (draw a picture / me). 나는 그가 그림 그리는 것을 봤어.

정답과 해설 p.11

15. I made mom (happily / happy). 나는 엄마를 행복하게 만들었어.

16. I found the movie (interesting / interestingly).
나는 그 영화가 재미있다는 것을 알게 되었어.

17. She watched her boyfriend (quick / play basketball).
그녀는 그녀의 남자친구가 농구하는 것을 지켜봤어.

18. He heard her (loudly / laugh). 그는 그녀가 웃는 것을 들었어.

19. History makes him (sleepy / sleepily). 역사는 그를 졸리게 만들어.

20. Mom made me (a singer / sadly). 엄마는 나를 가수로 만들었어.

재미로 익히는 문화상식

미국의 독특한 섬머타임제

Alex와 John은 미국에서 태어난 쌍둥이 형제예요.
John은 2016년 11월 6일 새벽 1시 58분에, Alex는 새벽 2시 1분에 태어났어요.

John, 내가 네 형이야!

내가 3분 먼저 태어났는데 왜 Alex가 형이에요?

John이 먼저 태어났는데 왜 Alex가 형이냐구요?
그건 미국의 독특한 섬머타임제 때문에 벌어진 일이에요.
미국은 낮 시간을 활용해서 에너지를 절약하고 경제활동을 촉진시키기 위해 낮 시간이 길어지는 3월의 어느 일요일 새벽 2시가 되면 시계를 새벽 3시로 한 시간 빨리 맞춰 놓아요. 그렇게 약 7개월을 유지하다가 낮 시간이 짧아지기 시작하는 10월이나 11월의 어느 일요일 새벽 2시가 되면 반대로 시계를 새벽 1시로 한 시간 늦게 맞춰 시간을 원래대로 돌려놓는 거예요.
섬머타임제가 시작되는 날과 끝나는 날은 해마다 조금씩 달라지는데 2016년에는 11월 6일 새벽 2시에 끝났어요!
섬머타임이 끝나기 전에 태어난 John은 그대로 새벽 1시 58분에 태어난 거지만, 섬머타임이 끝난 후 새벽 2시 1분에 태어난 Alex는 새벽 2시를 새벽 1시로 바꿔놓는 바람에 새벽 1시 1분에 태어난 셈이 되는 거예요.
그럼 Alex가 먼저 태어난 게 되죠?
독특한 섬머타임제 덕분에 이런 일이 벌어졌네요!

정답과 해설 p.11

Practice 2 4형식 문장과 3형식 문장의 차이를 익혀 보아요.

[1–10] 다음 4형식 문장을 3형식 문장으로 고쳐 보세요.

1. Mom bought me a camera.
엄마는 나에게 카메라를 사주셨어.

→ Mom bought a camera for me.

2. Our dad cooked us spaghetti.
우리 아빠는 우리에게 스파게티를 요리해주셨어.

→ ______________________________.

3. My friend made me a birthday cake.
나의 친구는 나에게 생일케이크를 만들어줬어.

→ ______________________________.

4. Dad cooked us dinner.
아빠는 우리에게 저녁을 요리해주셨어.

→ ______________________________.

5. He gave me a pencil. 그는 나에게 연필을 줬어.

→ ______________________________.

6. The students asked him a question. 그 학생들은 그에게 질문을 했어.

→ ______________________________.

정답과 해설 p.11

7. My mother made me a pretty bag. 나의 어머니는 나에게 예쁜 가방을 만들어주셨어.

➔ ______________________________.

8. Mr. Kim teaches them English. 김 선생님은 그들에게 영어를 가르치셔.

➔ ______________________________.

9. She writes Mina a letter. 그녀는 미나에게 편지를 한 통 써.

➔ ______________________________.

10. I sent you a birthday gift. 나는 너에게 생일 선물을 보냈어.

➔ ______________________________.

[11–20] 다음 3형식 문장을 4형식 문장으로 고쳐 보세요.

11. I told the secret to my friend.
나는 나의 친구에게 비밀을 이야기했어.

➔ I told my friend the secret.

12. My parents gave a present to me.
나의 부모님은 나에게 선물을 주셨어.

➔ ______________________________.

13. Mina sent some books to her friend. 미나는 그녀의 친구에게 몇 권의 책을 보냈어.

➔ ______________________________.

CH 03

14. He sent a birthday gift to me. 그는 나에게 생일 선물을 보냈어.

➔ ____.

15. Did you buy a cake for her? 너는 그녀에게 케이크를 사 주었니?

➔ ____?

16. Homework brings much stress to us.

숙제는 우리에게 많은 스트레스를 가져다 줘.

➔ ______________________________

______________________________.

17. He showed his diary to his mom.

그는 그의 엄마에게 그의 일기를 보여 줬어.

➔ ______________________________

______________________________.

18. Mom made dinner for me.

엄마는 나에게 저녁을 만들어 주셨어.

➔ ______________________________

______________________________.

19. He teaches world history to the students.

그는 학생들에게 세계사를 가르쳐.

➔ ______________________________

______________________________.

20. I made a birthday cake for him. 나는 그에게 생일 케이크를 만들어 줬어.

➔ ____.

정답과 해설 p.11

Practice 3 3형식, 4형식, 5형식 문장을 완성해 보아요.

다음 우리말 뜻과 같도록 주어진 표현을 순서에 맞게 배열하여 문장을 완성하세요.

1. (a dog, for me, Mom bought).
우리 엄마는 나에게 강아지를 사 주셨어.

➔ Mom bought a dog for me.

2. (to the dog, some food, I gave).
나는 그 강아지에게 음식을 줬어.

➔ ______________________.

3. (some food, She cooked, for me). 그녀는 나에게 음식을 요리해주셨어.
➔ ______________________.

4. (the ball, Please bring, to me). 나에게 공을 가져다 줘.
➔ ______________________.

5. (English, He teaches, to me). 그는 나에게 영어를 가르쳐 줘.
➔ ______________________.

6. (an e-mail, I will send, to him). 나는 그에게 이메일을 보낼 거야.
➔ ______________________.

7. (you, I could give, something). 나는 너에게 무언가 줄 수 있었어.
➔ ______________________.

CH 03

정답과 해설 p.11

8. (a new emoticon, I sent, you). 나는 너에게 새로운 이모티콘을 보냈어.

➔ ____.

9. (to you, I can lend, my notebook). (*lend: 빌려주다)

나는 너에게 내 공책을 빌려줄 수 있어.

➔ ____.

10. (for my teacher, I made, cookies).

나는 선생님께 쿠키를 만들어 드렸어.

➔ ____.

11. (this emoticon, My friend bought, for me).

내 친구가 나에게 이 이모티콘을 사줬어.

➔ ____.

12. (something, of you, Can I ask)? 뭐 좀 물어봐도 될까요?

➔ ____?

13. (me, It made, excited). 그것은 나를 신나게 만들었어.

➔ ____.

14. (her face, The sun turned, red). 태양은 그녀의 얼굴을 빨갛게 만들었어.

➔ ____.

정답과 해설 p.11

15. (his younger sister, sick, He found).
그는 그의 여동생이 아프다는 것을 발견했어(알게 되었어).
➜ ______________________________.

16. (I made, worry, everyone). 나는 모두를 걱정시켰어.
➜ ______________________________.

17. (cry, I saw, her).
나는 그녀가 우는 것을 봤어.

➜ ______________________________
______________________________.

18. (the door, Someone kept, open).
누군가가 문을 열린 채로 두었어.

➜ ______________________________
______________________________.

19. (cross the street, She saw, them).
그녀는 그들이 길을 건너는 것을 봤어.

➜ ______________________________
______________________________.

20. (I watched, play basketball, him).
나는 그가 농구하는 것을 지켜봤어.

➜ ______________________________
______________________________.

CH 03

정답과 해설 p.11

Let's Practice More!

SET 01

학습목표 1 | 3형식과 4형식 문장을 비교해 보아요.　　공부한 날 :　　맞은 개수 :　　/12개

다음 (　) 안에서 알맞은 것을 골라 보세요.

01. She (some cookies gave / gave some cookies) to me.
그녀는 나에게 약간의 쿠키를 주었어.

02. I can lend (you my notebook / my notebook you).
나는 너에게 내 공책을 빌려줄 수 있어.

03. I (a letter sent / sent a letter) to him. 나는 그에게 편지를 한 통 보냈어.

04. My mother gives (me a snack / a snack me).
나의 어머니는 나에게 간식을 주셔.

05. Our dad (cooked spaghetti / spaghetti cooked) for us.
우리 아빠는 우리에게 스파게티를 요리해 주셨어.

06. Sihu bought (a baseball cap his brother / his brother a baseball cap).
시후는 그의 남동생에게 야구모자를 사줬어.

07. My friend (made a birthday cake / a birthday cake made) for me. 나의 친구는 나에게 생일케이크를 만들어줬어.

08. Homework brings (much stress us / us much stress).
숙제는 우리에게 많은 스트레스를 가져다 줘.

09. Mom (a camera bought / bought a camera) for me.
엄마는 나에게 카메라를 사주셨어.

10. I made (my puppy a delicious meal / a delicious meal my puppy).
나는 나의 강아지에게 맛있는 식사를 만들어줬어.

11. He (gave a pencil / a pencil gave) to me.
그는 나에게 연필을 줬어.

12. He showed (his diary his mom / his mom his diary).
그는 그의 엄마에게 그의 일기를 보여 줬어.

정답과 해설 p.12

Let's Practice More!

SET 02

학습목표 2 | 4형식 문장을 3형식 문장으로, 3형식 문장을 4형식 문장으로 바꿔 보아요.

공부한 날 :

맞은 개수 : /12개

다음의 4형식 문장을 3형식으로 바꿔 쓸 때 ( )에 들어갈 말로 알맞은 것을 고르세요.

01. I could give you something. 나는 너에게 무언가 줄 수 있었어.
➔ I could give something (to / for) you.

02. I made the dog a delicious meal. 나는 강아지에게 맛있는 식사를 만들어줬어.
➔ I made a delicious meal (to / for) the dog.

03. Dad cooked us dinner. 아빠는 우리에게 저녁을 요리해 주셨어.
➔ Dad cooked dinner (to / for) us.

04. The students asked him a question. 그 학생들은 그에게 질문을 했어.
➔ The students asked a question (for / of) him.

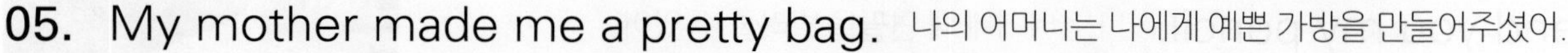

05. My mother made me a pretty bag. 나의 어머니는 나에게 예쁜 가방을 만들어주셨어.
➔ My mother made a pretty bag (to / for) me.

06. Mr. Kim teaches them English. 김 선생님은 그들에게 영어를 가르치셔.
➔ Mr. Kim teaches English (to / for) them.

07. She writes Mina a letter. 그녀는 미나에게 편지를 한 통 써.
➔ She writes a letter (to / for) Mina.

08. I sent you a birthday gift. 나는 너에게 생일 선물을 보냈어.
➔ I sent a birthday gift (to / for) you.

09. Did you buy her a cake? 너는 그녀에게 케이크를 사 주었니?
➔ Did you buy a cake (to / for) her?

10. I told my friend the secret. 나는 나의 친구에게 비밀을 이야기했어.
➔ I told the secret (to / for) my friend.

11. He showed his mom his diary. 그는 그의 엄마에게 그의 일기를 보여 줬어.
➔ He showed his diary (to / for) his mom.

12. Mom made me dinner. 엄마는 나에게 저녁을 만들어 주셨어.
➔ Mom made dinner (to / for) me.

정답과 해설 p.12

Let's Practice More!

SET 03

학습목표 2 | 4형식 문장을 3형식 문장으로, 3형식 문장을 4형식 문장으로 바꿔 보아요.

공부한 날 :　　　　맞은 개수 :　　/12개

다음의 문장을 알맞은 전치사를 이용해 3형식 문장으로 바꿔 쓰세요.

01. She cooked me some food. 그녀는 나에게 음식을 요리해 주셨어.
➔ She cooked some food for me.

02. My mother bought me the dog. 우리 엄마는 나에게 그 강아지를 사 주셨어.
➔ My mother bought ______________________.

03. He teaches me English. 그는 나에게 영어를 가르쳐 줘.
➔ He teaches ______________________.

04. I could give you something. 나는 너에게 무언가 줄 수 있었어.
➔ I could give ______________________.

05. I can lend you my pencil. 나는 너에게 내 연필을 빌려줄 수 있어.
➔ I can lend ______________________.

06. I made my teacher some cookies. 나는 선생님께 쿠키를 만들어 드렸어.
➔ I made ______________________.

07. I sent you a book. 나는 너에게 책 한 권을 보냈어.
➔ I sent ______________________.

08. My friend bought me this doll. 내 친구가 나에게 이 인형을 사줬어.
➔ My friend bought ______________________.

09. Can I ask you something? 내가 너에게 무언가 물어봐도 되겠니?
➔ Can I ask ______________________?

10. I made my father dinner. 나는 나의 아빠께 저녁을 만들어 드렸어.
➔ I made ______________________.

11. He teaches the students world history. 그는 학생들에게 세계사를 가르쳐.
➔ He teaches ______________________.

12. Homework brings us much stress. 숙제는 우리에게 많은 스트레스를 가져다 줘.
➔ Homework brings ______________________.

정답과 해설 p.12

Let's Practice More!

SET 04

학습목표 2 | 4형식 문장을 3형식 문장으로, 3형식 문장을 4형식 문장으로 바꿔 보아요. 공부한 날 : 맞은 개수 : /10개

다음 4형식 문장을 3형식 문장으로, 3형식 문장을 4형식 문장으로 바꿔 쓰세요.

01. He made me dinner. 그는 나에게 저녁을 만들어 주었어.

➔ He made dinner for me.

02. She cooked some food for us. 그녀는 우리에게 음식을 요리해 주셨어.

➔ ______________________.

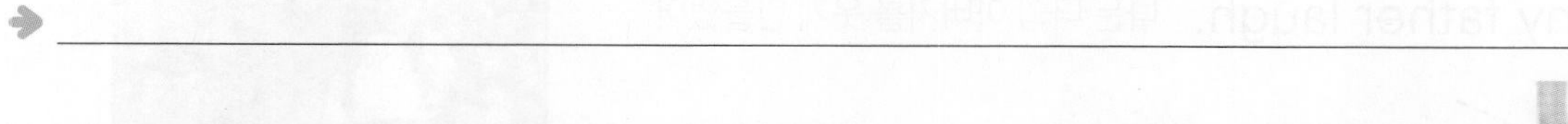

03. The students asked him a question. 그 학생들은 그에게 질문을 했어.

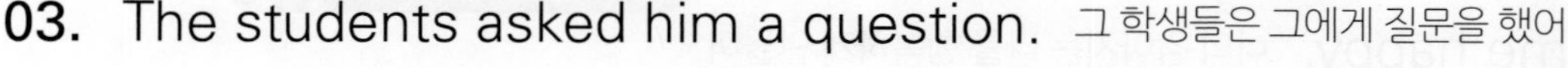

➔ ______________________.

04. Did you buy her a cake? 너는 그녀에게 케이크를 사 주었니?

➔ ______________________?

05. Mom bought a dog for me. 엄마는 내게 강아지를 사 주셨어.

➔ ______________________.

06. I gave some food to the dog. 나는 그 강아지에게 음식을 줬어.

➔ ______________________.

07. I sent a letter to him. 나는 그에게 편지를 한 통 보냈어.

➔ ______________________.

08. My mother gives me a snack. 나의 어머니는 나에게 간식을 주셔.

➔ ______________________.

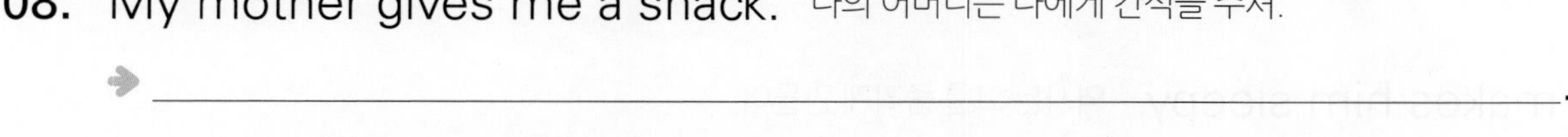

09. Sihu bought his brother a baseball cap.

시후는 그의 남동생에게 야구모자를 사줬어.

➔ ______________________.

10. I made my puppy a delicious meal. 나는 나의 강아지에게 맛있는 식사를 만들어줬어.

➔ ______________________.

정답과 해설 p.12

Let's Practice More!

SET 05

학습목표 3 | **5형식 표현을 연습해 보아요.** 공부한 날 : 맞은 개수 : /14개

다음 문장에서 목적격 보어를 찾아 동그라미 하세요.

01. You make me happy. 너는 나를 행복하게 만들어.

02. We call him Sihu. 우리는 그를 시후라고 부른다.

03. I made my father laugh. 나는 나의 아버지를 웃게 만들었어.

04. My dog makes me happy. 나의 강아지는 나를 행복하게 만들어.

05. I heard someone cry. 나는 누군가가 우는 것을 들었어.

06. She made me wash the dishes. 그녀는 내가 설거지를 하게 만들었어.

07. We made her angry. 우리는 그녀를 화나게 만들었어.

08. I heard him sing a song. 나는 그가 노래하는 것을 들었어.

09. Sihu saw her dance. 시후는 그녀가 춤추는 것을 보았어.

10. I found the movie interesting. 나는 그 영화가 재미있다는 것을 알게 되었어.

11. History makes him sleepy. 역사는 그를 졸리게 만들어.

12. Mom made me a singer. 엄마는 나를 가수로 만들었어.

13. It made me excited. 그것은 나를 신나게 만들었어.

14. The sun turned her face red. 태양은 그녀의 얼굴을 빨갛게 만들었어.

정답과 해설 p.12

Let's Practice More!

SET 06

학습목표 3 | **5형식 표현을 연습해 보아요.**  공부한 날 :  맞은 개수 : /14개

 다음 밑줄 친 보어가 명사면 '명', 형용사면 '형', 동사면 '동'을 쓰세요.

01. She made him a police officer. → 명
그녀는 그를 경찰관으로 만들었어.

02. I saw him draw a picture. → ______
나는 그가 그림 그리는 것을 봤어.

03. I made Mom happy. 나는 엄마를 행복하게 만들었어. → ______

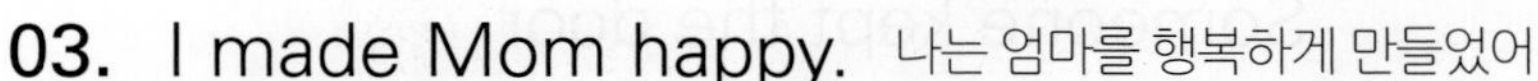

04. I found the movie interesting. 나는 그 영화가 재미있다는 것을 알게 되었어. → ______

05. She watched him play basketball. → ______
그녀는 그가 농구하는 것을 지켜봤어.

06. I made everyone worry. 나는 모두를 걱정시켰어. → ______

07. History makes him sleepy. 역사는 그를 졸리게 만들어. → ______

08. Mom made me a singer. 엄마는 나를 가수로 만들었어. → ______

09. The sun turned her face red. 태양은 그녀의 얼굴을 빨갛게 만들었어. → ______

10. He found his younger sister sick. → ______
그는 그의 여동생이 아프다는 것을 발견했어(알게 되었어).

11. I saw her cry. 나는 그녀가 우는 것을 봤어. → ______

12. We made her angry. 우리는 그녀를 화나게 만들었어. → ______

13. She saw them cross the street. → ______
그녀는 그들이 길을 건너는 것을 봤어.

14. He heard her laugh. 그는 그녀가 웃는 것을 들었어. → ______

CH 03

정답과 해설 p.12

Let's Practice More!

SET 07

학습목표 3 | 5형식 표현을 연습해 보아요.

공부한 날 : 맞은 개수 : /20개

 다음 ( ) 안에서 알맞은 것을 고르세요.

01. 

She made the teacher (angrily / angry).

그녀는 선생님을 화나게 만들었어.

02. 

Someone kept the door (to open / open).

누군가가 문을 열린 채로 두었어.

03. I made my father (laugh / to laugh).

나는 나의 아버지를 웃게 만들었어.

04. We made her (happy / happily).

우리는 그녀를 행복하게 만들었어.

05. I heard the baby (to cry / cry).

나는 아기가 우는 것을 들었어.

06. Sihu saw (she / her) dance.

시후는 그녀가 춤추는 것을 보았어.

07. The sun turned her face (red / redly).

태양은 그녀의 얼굴을 빨갛게 만들었어.

08. I found the movie (interesting / interestingly).

나는 그 영화가 재미있다는 것을 알게 되었어.

09. She watched her boyfriend (play / plays) basketball.

그녀는 그녀의 남자친구가 농구하는 것을 지켜봤어.

정답과 해설 p.12

10. History makes him (to sleep / sleepy).

역사는 그를 졸리게 만들어.

11. Mom made me (a singer / to a singer).

엄마는 나를 가수로 만들었어.

12. 

She made me (wash / to wash) the dishes.

그녀는 내가 설거지를 하게 만들었어.

13. 

I saw (her / she) draw a picture.

나는 그녀가 그림 그리는 것을 봤어.

14. It made me (exciting / excited).

그것은 나를 신나게 만들었어.

15. I made everyone (to worry / worry).

나는 모두를 걱정시켰어.

16. She saw them (cross / to cross) the street.

그녀는 그들이 길을 건너는 것을 봤어.

17. He found his younger sister (sicks / sick).

그는 그의 여동생이 아프다는 것을 발견했어(알게 되었어).

18. I saw her (cries / cry).

나는 그녀가 우는 것을 봤어.

19. He heard her (laugh / to laugh).

그는 그녀가 웃는 것을 들었어.

20. I made Mom (happy / happiness).

나는 엄마를 행복하게 만들었어.

정답과 해설 p.12

Let's Practice More!

SET 08

학습목표 4 | 4형식과 5형식을 구분해 보아요.　　공부한 날 :　　맞은 개수 :　　/20개

다음 문장을 보고 4형식이면 '4', 5형식이면 '5'라고 쓰세요.

01. 

I made him some cookies.

나는 그에게 쿠키를 만들어줬어.

→ 4

02. 

I told my friend the secret.

나는 나의 친구에게 비밀을 이야기했어.

→ ______

03. He heard her laugh. → ______

그는 그녀가 웃는 것을 들었어.

04. Sihu saw her dance. → ______

시후는 그녀가 춤추는 것을 보았어.

05. My dog makes me happy. → ______

나의 강아지는 나를 행복하게 만들어.

06. I saw him draw a picture. → ______

나는 그가 그림 그리는 것을 봤어.

07. I made him a doctor. → ______

나는 그를 의사로 만들었어.

08. I found the movie interesting. → ______

나는 그 영화가 재미있다는 것을 알게 되었어.

09. History makes him sleepy. → ______

역사는 그를 졸리게 만들어.

정답과 해설 p.12

10. I watched him play basketball. → ________

나는 그가 농구하는 것을 지켜봤어.

11. I made my father a great dinner. → ________

나는 나의 아빠에게 근사한 저녁을 만들어드렸어.

12.

Ms. Kim teaches them English.

김 선생님은 그들에게 영어를 가르치셔.

→ ________

13.

I gave the dog some food.

나는 그 강아지에게 음식을 줬어.

→ ________

14. My parents gave me a present. → ________

나의 부모님은 나에게 선물을 주셨어.

15. Someone kept the door open. → ________

누군가가 문을 열린 채로 두었어.

16. He showed his mom his diary. → ________

그는 그의 엄마에게 그의 일기를 보여 줬어.

17. We made her angry. → ________

우리는 그녀를 화나게 만들었어.

18. He found his younger sister sick. → ________

그는 그의 여동생이 아프다는 것을 발견했어(알게 되었어).

19. I can lend you my notebook. → ________

나는 너에게 내 공책을 빌려줄 수 있어.

20. She cooked us some food. → ________

그녀는 나에게 음식을 요리해 주셨어.

정답과 해설 p.12

실전테스트

CHAPTER 03

공부한 날 :

복습한 날 :

부모님 확인 :

● 정답과 해설은 별책 12쪽에서 확인하세요!!

01

다음 표의 빈칸에 [보기]의 단어를 알맞게 분류해서 쓰세요.

[보기] safely, kind, never, poor, red

형용사	부사

02

다음 [보기]의 문장과 같은 형식의 문장 두 개를 고르세요.

[보기] You look lovely.

① He was a dentist.
② It tastes sour.
③ We wrote a letter.
④ They got the new jobs.

03

다음 중 2형식 문장인 것을 두 개 고르세요.

① She came here.
② Jane is a nurse.
③ She loves him.
④ He looks happy.

04

다음 중 문장 형식이 다른 하나를 고르세요.

① I go to school.
② It sounds funny.
③ I slept on the bed.
④ The bird sang beautifully.

05

다음 문장 중 목적어가 없는 문장을 고르세요.

① He collected shells.
② We take a music class.
③ They drew the giraffe.
④ Coffee tastes bitter.

06

다음 중 보어가 없는 문장을 고르세요.

① She looked beautiful.
② I heard a cat cry at night.
③ You can call me Christina.
④ Mandy gave him a present.

07

우리말 해석과 같도록 빈칸에 알맞은 단어를 쓰세요.

The accident ____________ serious.
그 사고는 심각해 보였다.

08

다음 빈칸에 들어가기에 가장 적절한 단어를 고르세요.

A: Let's play soccer this afternoon.
B: That ________ good.

① feels ② tastes
③ smells ④ sounds

09

다음 중 어색한 문장을 고르세요.

① I heard her sing beautifully.
② George made me sadly.
③ She calls him Mr. Nice Guy.
④ Julia found the book boring.

10

다음 문장이 몇 형식 문장인지 쓰세요.

She makes the kids laugh.

⇨ ________ 형식 문장

11

다음 중 틀린 문장을 고르세요.

① Kate saw the bird fly.
② Mr. Lee sent a gift me.
③ I go to school every day.
④ I had dinner with my friend.

12

다음 글을 읽고, ㉠~㉣ 중 4형식 문장과 5형식 문장을 고르세요.

㉠ Jenny has a younger sister, Anna. On Anna's birthday, ㉡ Jenny gave her a nice T-shirt. But ㉢ Anna didn't find it pretty, she never wore it. ㉣ Jenny felt sad, so she will buy a new T-shirt for Anna.

4형식 문장 : ________
5형식 문장 : ________

[13~15] 다음 그림을 보고, 3형식 문장이 되도록 주어진 단어를 순서에 맞게 빈칸에 쓰세요.

13

(a bear, dance)

He is teaching ________ to ________.

14

(her, a pen)

He is giving ________ to ________.

15

(the news, her)

She told ________ to ________.

[16~17] 다음 빈칸에 들어갈 알맞은 전치사를 쓰세요.

16

The teacher showed us a video.
= The teacher showed a video ___________ us.

17

The nurse got me some medicine.
= The nurse got some medicine ___________ me.

18

다음 그림을 보고, 빈칸에 들어갈 알맞은 단어를 고르세요.

A: Do you know her?
B: Yes, I do. She is our English teacher. She is very ___________.

① kind ② angrily
③ happily ④ carefully

19

다음 편지글을 읽고, 밑줄 친 부분을 알맞게 고치세요.

Dear Jun,
Hi! I'm in Canada now. I saw your pictures in your email. You looked (1) happily in the picture. I will send some pictures of me (2) for you.
I miss you.
Bye.

With lots of love,
David

(1) ___________________________

(2) ___________________________

20

다음 중 보어가 없는 문장을 고르세요.

① I feel my hands cold.
② She looked shocked.
③ I don't like birds.
④ They made me sweep the floor.

[21~22] 다음 중 밑줄 친 부분이 틀린 것을 고르세요.

21

① My father is very handsome.
② His face turned red.
③ She is feeling cold.
④ Mr. Jones is a pilot.

22

① I got hungry.
② That sounds strange.
③ He will become a movie star.
④ The food tastes badly.

23

다음 대화를 읽고, 빈칸에 들어갈 말이 알맞게 짝지어진 것을 고르세요.

A: Did you see Alice yesterday?
B: Yes, but she didn't look ____ⓐ____.
A: She had a fight with her best friend, Susan. She made Susan ____ⓑ____.

	ⓐ	ⓑ
①	happy	angry
②	happy	angrily
③	happily	angry
④	happily	angrily

24

다음 밑줄 친 부분을 알맞게 고치세요.

The music made Jake <u>sleepily</u>.

⇨ ______________________

25

다음 빈칸 (A)와 (B)에 들어갈 단어가 바르게 짝지어진 것을 고르세요.

A: Umm, something smells __(A)__!
B: I'm cooking some food __(B)__ your grandmother. Can you bring it to your grandmother later?
A: No problem.

	(A)	(B)
①	nice	to
②	nice	for
③	nicely	to
④	nicely	for

[26~28] 다음 4형식 문장을 [보기]와 같이 3형식으로 바꾸세요.

[보기] He wrote her a love letter.
→ He wrote a love letter to her.

26

She found us the map.

⇨ ______________________

27

They showed me their money.

⇨ ______________________

28

I ask you a favor.

⇨ ______________________

[29~30] 다음 단어들을 순서에 맞게 배열하여 5형식 문장을 완성하세요.

29

(found / I / this song / beautiful).

⇨ ______________________

30

(made / her / cry / Kate).

⇨ ______________________

Cultural Tips

재미로 익히는
문화상식

세계의 여름방학

뭐????
미국은 방학이
3달이나 된다고?!

우리나라 초등학생들은 7월 중순부터 8월 중순까지 약 4주간의 여름방학을 보내요.
그런데 미국의 초등학생들은 5월 말부터 8월 말까지 약 12주 동안 여름방학을 보낸답니다.
게다가 아주 더운 지역인 이집트에서는 6월부터 9월 중순까지 길게는 무려 15주 동안 여름 방학을 보낸다고 해요!
이웃나라 일본은 여름방학이 7월 중순에서 8월 말까지로 우리나라와 비슷해요!

Cultural
Tips

재미로 익히는
문화상식

새 학기가 시작되는 날도 나라마다 달라?

미국은 보통 8월 말이나 9월 초에 새로운 학년이 시작돼요. 그리고 1월 중순에 2학기 수업에 들어가 5월 말에 학기가 마무리 된답니다.

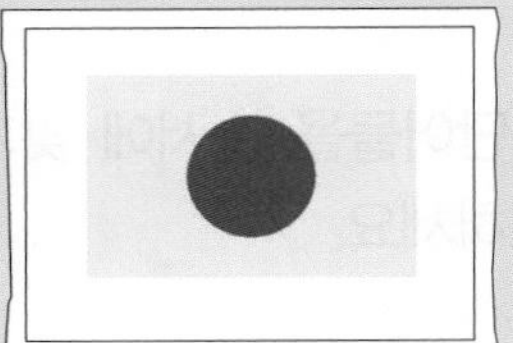

일본은 4월 1일에 새 학년이 시작되고, 3월에 한 학년이 끝나요.

오스트레일리아(호주)는 1월 말 또는 2월 초에 새 학기가 시작돼요.

한국은 보통 3월에 새 학년이 시작되는데, 새 학기가 시작되는 날이 나라마다 다르다니 신기하지 않나요?

초등영문법3800제 LEVEL 6

워크북

WORKBOOK

1. **단어 쓰기 연습** mp3 음성 파일을 듣고 들려주는 단어를 세 번씩 써 보아요.
2. **Dictation Test** mp3 음성 파일을 듣고 빈칸을 채워 보세요.
3. **단어테스트** 단어 쓰기 연습을 하며 암기한 단어들을 제대로 외웠는지 확인해 보아요.
4. **워크북 정답** Dictation Test와 단어테스트의 정답

초등영문법3800제 MP3 파일 이용 방법

1. 홈페이지에서 다운로드

① 마더텅 홈페이지(www.toptutor.co.kr) 접속 → 상단 메뉴 중 [초등 · 유아]의 [교재 소개] 선택
→ 교재 목록에서 해당 교재명 찾아 선택 → 학습자료의 [mp3] 선택 후 다운로드

② 마더텅 홈페이지(www.toptutor.co.kr) 접속 → 상단 메뉴 중 [초등 · 유아] 의 [교재자료실] 선택
→ 자료실 상단의 [교재를 선택하세요.] 에서 해당 교재명 선택
→ 자료 목록에서 mp3 게시물 선택 후 다운로드

2. 모바일 스트리밍 / 다운로드

① 스마트폰으로 교재 뒷면의 QR코드 스캔 → MP3 스트리밍 or 다운로드

② 주소창에 m.toptutor.co.kr 또는 포털에서 '마더텅' 검색 → [MP3 자료실] 선택
→ 상단 메뉴 중 [초등 · 유아] 선택 → 해당 교재명 찾아 선택 후 MP3 스트리밍 or 다운로드

단어 쓰기 연습 1

들려주는 단어를 잘 듣고, 세 번씩 써 보세요.

MP3 6권 단어 01

01 **soccer** 명 축구	soccer		
02 **baseball** 명 야구	baseball		
03 **open** 동 열리다	open		
04 **mall** 명 쇼핑몰	mall		
05 **cold** 명 추위, 감기	cold		
06 **stay** 동 머물다, 있다	stay		
07 **exercise** 동 운동하다	exercise		
08 **science** 명 과학	science		
09 **fish** 동 낚시하다	fish		
10 **sleepy** 형 졸린	sleepy		
11 **bacon** 명 베이컨	bacon		
12 **breakfast** 명 아침(식사)	breakfast		
13 **miss** 동 놓치다	miss		

들려주는 단어를 잘 듣고, 세 번씩 써 보세요.

MP3 6권 단어 01

14 **tired** 형 피곤한	tired		
15 **high** 형 높은	high		
16 **score** 명 점수	score		
17 **poor** 형 안 좋은	poor		
18 **quiet** 형 조용한	quiet		
19 **brush** 동 닦다	brush		
20 **toothache** 명 치통	toothache		
21 **still** 부 아직도	still		
22 **cook** 동 요리하다	cook		
23 **drink** 동 마시다	drink		
24 **clean** 동 청소하다	clean		
25 **wash** 동 씻다	wash		
26 **turn** 동 돌다	turn		

단어 쓰기 연습 2

들려주는 단어를 잘 듣고, 세 번씩 써 보세요. MP3 6권 단어 02

No.	단어	뜻	1	2	3
27	**left**	형 왼쪽의	left		
28	**post office**	명 우체국	post office		
29	**straight**	부 똑바로	straight		
30	**church**	명 교회	church		
31	**arrive**	동 도착하다	arrive		
32	**exam**	명 시험	exam		
33	**study**	동 공부하다	study		
34	**muffler**	명 목도리	muffler		
35	**honest**	형 정직한	honest		
36	**forgive**	동 용서하다	forgive		
37	**disappointed**	형 실망한	disappointed		
38	**outside**	부 밖에	outside		
39	**knock**	동 두드리다	knock		

들려주는 단어를 잘 듣고, 세 번씩 써 보세요.

MP3 6권 단어 02

단어	1	2	3
40 **push** ⓢ 누르다	push		
41 **button** ⓜ 버튼, 단추	button		
42 **focus** ⓢ 집중하다	focus		
43 **leave** ⓢ 떠나다	leave		
44 **fail** ⓢ 실패하다	fail		
45 **kind** ⓗ 친절한	kind		
46 **living room** ⓜ 거실	living room		
47 **kitchen** ⓜ 부엌	kitchen		
48 **fresh** ⓗ 상쾌한	fresh		
49 **laugh** ⓢ 웃다	laugh		
50 **summer** ⓜ 여름	summer		
51 **weather** ⓜ 날씨	weather		
52 **careful** ⓗ 조심스러운	careful		

초3800_6_w3

단어 쓰기 연습 3

들려주는 단어를 잘 듣고, 세 번씩 써 보세요.

MP3 6권 단어 03

단어			
01 **free** ⓗ 한가한	free		
02 **before** ⓙ ~하기 전에	before		
03 **after** ⓙ ~한 후에	after		
04 **when** ⓙ ~할 때	when		
05 **raincoat** ⓜ 우비	raincoat		
06 **over** ⓑ 건너 ⓗ 끝나서	over		
07 **because** ⓙ ~때문에	because		
08 **noise** ⓜ 소음	noise		
09 **full** ⓗ 배부른	full		
10 **snow** ⓓ 눈오다	snow		
11 **enter** ⓓ 들어가다	enter		
12 **children** ⓜ 아이들	children		
13 **finish** ⓓ 끝내다	finish		

들려주는 단어를 잘 듣고, 세 번씩 써 보세요.

MP3 6권 단어 03

단어	1	2	3
14 **late** ⊕부 늦게	late		
15 **asleep** ⊕형 잠이 든	asleep		
16 **jar** ⊕명 항아리	jar		
17 **water** ⊕명 물	water		
18 **strong** ⊕형 강한	strong		
19 **brave** ⊕형 용감한	brave		
20 **call** ⊕동 전화하다	call		
21 **interrupt** ⊕동 방해하다	interrupt		
22 **choice** ⊕명 선택	choice		
23 **mad** ⊕형 화난	mad		
24 **must** ⊕조 ~해야 하다	must		
25 **judge** ⊕동 판단하다	judge		
26 **promise** ⊕동 약속하다	promise		

단어 쓰기 연습 4

들려주는 단어를 잘 듣고, 세 번씩 써 보세요.

MP3 6권 단어 **04**

27 **protect** ⓢ 보호하다	protect		
28 **tooth** 명 이	tooth		
29 **dream** ⓢ 꿈꾸다	dream		
30 **try** ⓢ 시도하다	try		
31 **never** 부 절대 ~ 않다	never		
32 **use** ⓢ 사용하다	use		
33 **weekend** 명 주말	weekend		
34 **busy** 형 바쁜	busy		
35 **rainbow** 명 무지개	rainbow		
36 **old** 형 나이 많은	old		
37 **airplane** 명 비행기	airplane		
38 **hit** ⓢ 때리다	hit		
39 **wait** ⓢ 기다리다	wait		

들려주는 단어를 잘 듣고, 세 번씩 써 보세요.

MP3 6권 단어 04

단어	1	2	3
40 **little** 형 어린	little		
41 **bicycle** 명 자전거	bicycle		
42 **build** 동 만들다	build		
43 **change** 명 변화	change		
44 **mind** 명 마음	mind		
45 **life** 명 인생	life		
46 **young** 형 어린	young		
47 **fly** 동 날다	fly		
48 **like** 전 ~처럼	like		
49 **bird** 명 새	bird		
50 **get** 동 얻다	get		
51 **foot** 명 발	foot		
52 **if** 접 만약 ~이라면	if		

단어 쓰기 연습 5

초3800_6_w5

들려주는 단어를 잘 듣고, 세 번씩 써 보세요. MP3 6권 단어 **05**

01 **May** ⓜ 5월	May		
02 **Monday** ⓜ 월요일	Monday		
03 **weekday** ⓜ 평일	weekday		
04 **weekend** ⓜ 주말	weekend		
05 **March** ⓜ 3월	March		
06 **during** ⓟ ~동안에	during		
07 **vacation** ⓜ 방학	vacation		
08 **evening** ⓜ 저녁	evening		
09 **Friday** ⓜ 금요일	Friday		
10 **for** ⓟ ~동안에	for		
11 **break** ⓜ 휴식	break		
12 **bus stop** ⓜ 버스정류장	bus stop		
13 **floor** ⓜ 층	floor		

들려주는 단어를 잘 듣고, 세 번씩 써 보세요.

MP3 6권 단어 05

단어	1	2	3
14 **wall** 명 벽	wall		
15 **Asia** 명 아시아	Asia		
16 **forest** 명 숲	forest		
17 **country** 명 나라, 시골	country		
18 **France** 명 프랑스	France		
19 **desk** 명 책상	desk		
20 **window** 명 창문	window		
21 **monitor** 명 모니터	monitor		
22 **classroom** 명 교실	classroom		
23 **gym** 명 체육관	gym		
24 **Tuesday** 명 화요일	Tuesday		
25 **draw** 동 그리다	draw		
26 **picture** 명 그림	picture		

단어 쓰기 연습 6

들려주는 단어를 잘 듣고, 세 번씩 써 보세요.

MP3 6권 단어 **06**

단어			
27 **rainy** ⓗ 비오는	rainy		
28 **cloudy** ⓗ 흐린	cloudy		
29 **heavily** ⓑ 심하게, 아주 많이	heavily		
30 **leave** ⓓ 남겨두다	leave		
31 **umbrella** ⓜ 우산	umbrella		
32 **bench** ⓜ 벤치	bench		
33 **hope** ⓓ 희망하다	hope		
34 **second** ⓗ 두 번째의	second		
35 **tomato** ⓜ 토마토	tomato		
36 **shelf** ⓜ 선반	shelf		
37 **minute** ⓜ 분	minute		
38 **find** ⓓ 찾다	find		
39 **ham** ⓜ 햄	ham		

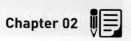

들려주는 단어를 잘 듣고, 세 번씩 써 보세요.

MP3 6권 단어 **06**

40 **cheese** ㊔ 치즈	cheese		
41 **favorite** ㊙ 가장 좋아하는	favorite		
42 **should** ㊛ ~해야 한다	should		
43 **cloud** ㊔ 구름	cloud		
44 **right** ㊙ 옳은	right		
45 **stand** ㊐ 서다	stand		
46 **grandfather** ㊔ 할아버지	grandfather		
47 **comic book** ㊔ 만화책	comic book		
48 **bear** ㊐ 낳다	bear		
49 **library** ㊔ 도서관	library		
50 **butterfly** ㊔ 나비	butterfly		
51 **grandmother** ㊔ 할머니	grandmother		
52 **blackboard** ㊔ 칠판	blackboard		

단어 쓰기 연습 7

들려주는 단어를 잘 듣고, 세 번씩 써 보세요.

MP3 6권 단어 07

01 **usually** 부 보통	usually		
02 **hole** 명 구멍	hole		
03 **move** 동 이동하다	move		
04 **ocean** 명 바다	ocean		
05 **museum** 명 박물관	museum		
06 **put** 동 넣다	put		
07 **stairs** 명 계단	stairs		
08 **blond** 형 금발의	blond		
09 **makeup** 명 화장	makeup		
10 **smile** 동 웃다	smile		
11 **sweet** 형 단	sweet		
12 **river** 명 강	river		
13 **flow** 동 흐르다	flow		

들려주는 단어를 잘 듣고, 세 번씩 써 보세요.

MP3 6권 단어 07

단어	1	2	3
14 **without** 전 ~없이	without		
15 **take** 동 (시간이) 걸리다	take		
16 **dance** 동 춤추다	dance		
17 **there** 부 거기에	there		
18 **hat** 명 모자	hat		
19 **strange** 형 낯선	strange		
20 **store** 명 가게	store		
21 **quietly** 부 조심히, 조용히	quietly		
22 **thief** 명 도둑	thief		
23 **hair** 명 머리(카락)	hair		
24 **policeman** 명 경찰	policeman		
25 **follow** 동 쫓아가다	follow		
26 **bee** 명 벌	bee		

단어 쓰기 연습 8

들려주는 단어를 잘 듣고, 세 번씩 써 보세요.

MP3 6권 단어 **08**

단어			
27 **black** 형 검은색의	black		
28 **street** 명 길	street		
29 **swimsuit** 명 수영복	swimsuit		
30 **because** 접 ~때문에	because		
31 **diving board** 명 다이빙대	diving board		
32 **jump** 동 뛰다	jump		
33 **mermaid** 명 인어	mermaid		
34 **slide** 동 미끄러지다	slide		
35 **climb** 동 오르다	climb		
36 **jungle gym** 명 정글짐	jungle gym		
37 **tunnel** 명 터널	tunnel		
38 **monkey** 명 원숭이	monkey		
39 **travel** 동 여행하다	travel		

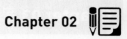

들려주는 단어를 잘 듣고, 세 번씩 써 보세요.

MP3 6권 단어 **08**

40 **open** ㉻ 열려 있는	open		
41 **piggy bank** ㉰ 돼지 저금통	piggy bank		
42 **coin** ㉰ 동전	coin		
43 **dolphin** ㉰ 돌고래	dolphin		
44 **smoke** ㉰ 연기	smoke		
45 **fire** ㉰ 불	fire		
46 **ride** ㉯ 타다	ride		
47 **hill** ㉰ 언덕	hill		
48 **angel** ㉰ 천사	angel		
49 **cold** ㉻ 추운	cold		
50 **heater** ㉰ 히터, 난방기	heater		
51 **coat** ㉰ 코트, 외투	coat		
52 **autumn** ㉰ 가을	autumn		

단어 쓰기 연습 9

들려주는 단어를 잘 듣고, 세 번씩 써 보세요.

MP3 6권 단어 **09**

01 **Chinese** ⓜ 중국어	Chinese		
02 **loudly** ⓑ 크게	loudly		
03 **yellow** ⓗ 노란	yellow		
04 **hamster** ⓜ 햄스터	hamster		
05 **hear** ⓓ 듣다	hear		
06 **wind** ⓜ 바람	wind		
07 **subject** ⓜ 과목	subject		
08 **history** ⓜ 역사	history		
09 **interesting** ⓗ 재미있는	interesting		
10 **ring** ⓓ 울리다	ring		
11 **plant** ⓓ 심다	plant		
12 **kind** ⓗ 친절한	kind		
13 **baseball** ⓜ 야구	baseball		

들려주는 단어를 잘 듣고, 세 번씩 써 보세요.

MP3 6권 단어 09

단어			
14 **boring** ⓗ 지루한	boring		
15 **handsome** ⓗ 잘생긴	handsome		
16 **angry** ⓗ 화난	angry		
17 **bloom** ⓓ (꽃이) 피다	bloom		
18 **around** ⓙ ~의 주위에	around		
19 **melt** ⓓ 녹다	melt		
20 **east** ⓜ 동쪽	east		
21 **bench** ⓜ 벤치	bench		
22 **spring** ⓜ 봄	spring		
23 **warm** ⓗ 따뜻한	warm		
24 **grass** ⓜ 풀	grass		
25 **sprout** ⓓ 싹이 나다	sprout		
26 **frog** ⓜ 개구리	frog		

단어 쓰기 연습 10

들려주는 단어를 잘 듣고, 세 번씩 써 보세요. MP3 6권 단어 **10**

27	**winter sleep**	명 겨울잠	winter sleep
28	**weather**	명 날씨	weather
29	**clothes**	명 옷	clothes
30	**wet**	형 젖은	wet
31	**beach**	명 해변	beach
32	**shine**	동 빛나다	shine
33	**brightly**	부 밝게	brightly
34	**turn**	동 ~으로 변하다	turn
35	**red**	형 빨간	red
36	**collect**	동 모으다	collect
37	**fallen leaves**	명 낙엽	fallen leaves
38	**burn**	동 태우다	burn
39	**blow**	동 (바람이) 불다	blow

들려주는 단어를 잘 듣고, 세 번씩 써 보세요.

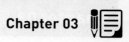

MP3 6권 단어 10

단어	1	2	3
40 **scarf** ⑲ 스카프, 목도리	scarf		
41 **fall** ⑤ 떨어지다	fall		
42 **white** ⑱ 흰색의	white		
43 **snowman** ⑲ 눈사람	snowman		
44 **roll** ⑤ 굴리다	roll		
45 **excited** ⑱ 신나는	excited		
46 **clean** ⑱ 깨끗한	clean		
47 **tennis** ⑲ 테니스	tennis		
48 **voice** ⑲ 목소리	voice		
49 **keep** ⑤ 유지하다	keep		
50 **strong** ⑱ 강한	strong		
51 **become** ⑤ ~이 되다	become		
52 **engineer** ⑲ 엔지니어	engineer		

단어 쓰기 연습 11

들려주는 단어를 잘 듣고, 세 번씩 써 보세요. MP3 6권 단어 11

단어			
01 **easy** 형 쉬운	easy		
02 **doctor** 명 의사	doctor		
03 **bitter** 형 쓴	bitter		
04 **smell** 동 ~한 냄새가 나다	smell		
05 **clever** 형 똑똑한, 영리한	clever		
06 **actress** 명 여배우	actress		
07 **sound** 동 ~처럼 들리다	sound		
08 **fast** 형 빠른	fast		
09 **blue** 형 파란색의	blue		
10 **pale** 형 창백한	pale		
11 **taste** 동 ~한 맛이 나다	taste		
12 **upset** 형 화난	upset		
13 **difficult** 형 어려운	difficult		

들려주는 단어를 잘 듣고, 세 번씩 써 보세요.

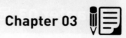

MP3 6권 단어 11

14 **hungry** ⓗ 배고픈	hungry		
15 **spaghetti** ⓜ 스파게티	spaghetti		
16 **funny** ⓗ 웃긴	funny		
17 **gift** ⓜ 선물	gift		
18 **pretty** ⓗ 예쁜	pretty		
19 **honest** ⓗ 정직한	honest		
20 **honestly** ⓑ 솔직하게	honestly		
21 **happiness** ⓜ 행복	happiness		
22 **delicious** ⓗ 맛있는	delicious		
23 **sweetness** ⓜ 달콤함	sweetness		
24 **violinist** ⓜ 바이올리니스트	violinist		
25 **performance** ⓜ 연주, 공연	performance		
26 **perfect** ⓗ 완벽한	perfect		

단어 쓰기 연습 12

들려주는 단어를 잘 듣고, 세 번씩 써 보세요.

MP3 6권 단어 12

단어			
27 **perfection** ㊔ 완벽함	perfection		
28 **beautifully** ㊕ 아름답게	beautifully		
29 **teach** ㊖ 가르치다	teach		
30 **turn** ㊖ ~으로 변하다	turn		
31 **letter** ㊔ 편지	letter		
32 **send** ㊖ 보내다	send		
33 **card** ㊔ 카드	card		
34 **jeans** ㊔ 청바지	jeans		
35 **cook** ㊔ 요리사	cook		
36 **scientist** ㊔ 과학자	scientist		
37 **e-mail** ㊔ 이메일	e-mail		
38 **mistake** ㊔ 실수	mistake		
39 **exciting** ㊗ 흥미로운	exciting		

들려주는 단어를 잘 듣고, 세 번씩 써 보세요.

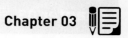

MP3 6권 단어 **12**

40 **shoes** 명 신발	shoes		
41 **ring** 명 반지	ring		
42 **sour** 형 신	sour		
43 **ready** 형 준비된	ready		
44 **ask** 동 묻다	ask		
45 **soft** 형 부드러운	soft		
46 **pie** 명 파이	pie		
47 **show** 동 보여주다	show		
48 **picture** 명 사진	picture		
49 **noisy** 형 시끄러운	noisy		
50 **noisily** 부 시끄럽게	noisily		
51 **basketball player** 명 농구선수	basketball player		
52 **softly** 부 부드럽게	softly		

단어 쓰기 연습 13

들려주는 단어를 잘 듣고, 세 번씩 써 보세요.

MP3 6권 단어 13

단어	1	2	3
01 **homework** 명 숙제	homework		
02 **cook** 동 요리해 주다	cook		
03 **worry** 동 걱정시키다	worry		
04 **write** 동 쓰다, 적다	write		
05 **present** 명 선물	present		
06 **find** 동 찾다	find		
07 **get** 동 얻다	get		
08 **favor** 명 호의	favor		
09 **science** 명 과학	science		
10 **student** 명 학생	student		
11 **truth** 명 진실	truth		
12 **computer** 명 컴퓨터	computer		
13 **rose** 명 장미	rose		

들려주는 단어를 잘 듣고, 세 번씩 써 보세요.

MP3 6권 단어 **13**

단어	1	2	3
14 **math** ㊞ 수학	math		
15 **question** ㊞ 질문	question		
16 **candy** ㊞ 사탕	candy		
17 **queen** ㊞ 여왕	queen		
18 **finish** ㊍ 끝내다	finish		
19 **shout** ㊍ 소리치다	shout		
20 **police officer** ㊞ 경찰관	police officer		
21 **surprised** ㊒ 놀란	surprised		
22 **cap** ㊞ 모자	cap		
23 **puppy** ㊞ 강아지	puppy		
24 **meal** ㊞ 식사	meal		
25 **son** ㊞ 아들	son		
26 **dinner** ㊞ 저녁(식사)	dinner		

단어 쓰기 연습 14

들려주는 단어를 잘 듣고, 세 번씩 써 보세요. MP3 6권 단어 **14**

단어			
27 **laugh** 동 웃다	laugh		
28 **snack** 명 간식	snack		
29 **quick** 형 빠른	quick		
30 **cross** 동 건너다	cross		
31 **easily** 부 쉽게	easily		
32 **happily** 부 행복하게	happily		
33 **face** 명 얼굴	face		
34 **interestingly** 부 재미있게	interestingly		
35 **sick** 형 아픈	sick		
36 **basketball** 명 농구	basketball		
37 **ball** 명 공	ball		
38 **world history** 명 세계사	world history		
39 **sleepy** 형 졸린	sleepy		

들려주는 단어를 잘 듣고, 세 번씩 써 보세요.

MP3 6권 단어 14

단어	1	2	3
40 **sleepily** 부 졸리는 듯이	sleepily		
41 **sadly** 부 불행히	sadly		
42 **camera** 명 카메라	camera		
43 **singer** 명 가수	singer		
44 **pencil** 명 연필	pencil		
45 **gift** 명 선물	gift		
46 **secret** 명 비밀	secret		
47 **stress** 명 스트레스	stress		
48 **diary** 명 일기	diary		
49 **bring** 동 가져오다	bring		
50 **emoticon** 명 이모티콘	emoticon		
51 **lend** 동 빌려주다	lend		
52 **much** 형 많은	much		

Dictation Test 1

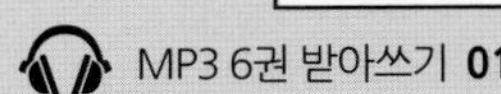

MP3 6권 받아쓰기 **01**

Name : **Date :** **Score :** /10

[01~10] 들려주는 문장을 잘 듣고 빈칸에 알맞은 단어를 채워 보세요.

01. Would you like some juice ________________ milk?
주스나 우유 좀 마실래?

02. I want to exercise, ________________ I have no time.
나는 운동하기를 원하지만 시간이 없어.

03. Mina is studying math ________________ science.
미나는 수학과 과학을 공부하고 있어.

04. Did you go swimming ________________ fishing?
너는 수영하러 갔어, 아니면 낚시하러 갔어?

05. He is sleepy, ________________ he is going to bed now.
그는 졸려서 이제 자러 갈 거야.

06. I am Suzi, ________________ this is my little brother, Minho.
나는 수지고, 얘는 내 남동생 민호야.

07. I can't play the guitar, ________________ I can play the piano.
나는 기타를 칠 수 없지만, 피아노는 칠 수 있어.

08. I had eggs ________________ bacon for breakfast.
나는 계란과 베이컨을 아침으로 먹었어.

09. Junwoo woke up late, ________________ he missed the bus.
준우는 늦게 일어나서 버스를 놓쳤어.

10. I feel good ________________ tired.
나는 기분이 좋지만 피곤해.

정답 p.236

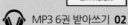

Dictation Test 2

MP3 6권 받아쓰기 02

Name : Date : Score : /10

[01~10] 들려주는 문장을 잘 듣고 빈칸에 알맞은 단어를 채워 보세요.

01. Be quiet, ______________ the baby will wake up.
조용히 해, 그렇지 않으면 아기가 깰 거야.

02. Hurry up, ______________ you will not be late for school.
서둘러, 그러면 너는 학교에 지각하지 않을 거야.

03. Wake up, ______________ you will be late.
일어나, 그렇지 않으면 너는 늦을 거야.

04. Brush your teeth, ______________ you will get a toothache.
너의 이를 닦아, 그렇지 않으면 너는 치통이 생길 거야.

05. Turn left, ______________ you will see the post office.
왼쪽으로 돌아라, 그러면 우체국이 보일 거야.

06. Go straight, ______________ you will arrive at school.
곧장 가, 그러면 너는 학교에 도착할 거야.

07. Get up early, ______________ you will miss the bus.
일찍 일어나, 그렇지 않으면 너는 버스를 놓칠 거야.

08. Be honest, ______________ she will forgive you.
정직해라, 그러면 그녀는 너를 용서할 거야.

09. Have breakfast, ______________ you will be hungry.
아침을 먹어, 그렇지 않으면 너는 배고플 거야.

10. Focus, ______________ you will finish it quickly.
집중해라, 그러면 너는 그것을 빨리 끝낼 수 있어.

정답 p.236

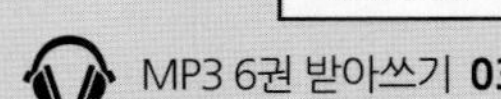

Dictation Test 3

MP3 6권 받아쓰기 03

Name : **Date :** **Score :** /10

[01~10] 들려주는 문장을 잘 듣고 빈칸에 알맞은 단어를 채워 보세요.

01. I read a book ________________ I go to sleep.
나는 잠자기 전에 책을 읽어.

02. Dad came home ________________ I fell asleep.
내가 잠든 후에 아빠가 집에 오셨어.

03. ________________ it rains, I put on a raincoat.
비가 올 때, 나는 우비를 입어.

04. We can't leave the classroom ________________ class is finished.
우리는 수업이 끝나기 전에 교실을 떠날 수 없어.

05. ________________ we finished lunch, we went back to our classroom.
점심 식사를 마치고 난 후에, 우리는 교실로 돌아갔어.

06. I couldn't see my dog ________________ I got home.
내가 집에 왔을 때, 나는 나의 개를 볼 수 없었어.

07. ________________ I had dinner, I ate some fruit.
저녁을 먹기 전에 나는 과일을 좀 먹었어.

08. I watched TV ________________ I finished my homework.
나는 숙제를 끝내고 나서 TV를 봤어.

09. Please tell me ________________ you go outside.
네가 밖에 나가기 전에 나에게 말해주렴.

10. ________________ I am tired, I sleep.
내가 피곤할 때, 나는 잠을 자.

정답 p.236

Dictation Test 4

MP3 6권 받아쓰기 04

Name : Date : Score : /10

[01~10] 들려주는 문장을 잘 듣고 빈칸에 알맞은 단어를 채워 보세요.

01. I didn't eat dinner ______________ I was full.
나는 배가 불러서 저녁을 먹지 않았어.

02. ______________ you want to pass the exam, study hard.
네가 시험을 통과하고 싶다면, 열심히 공부하렴.

03. We ran fast ______________ we didn't have umbrellas.
우리는 우산이 없었기 때문에 빨리 뛰어갔어.

04. My sister went to sleep early ______________ she was sick.
나의 누나는 아파서 일찍 잠자리에 들었어.

05. ______________ you are hungry, you can't fall asleep.
만약 네가 배가 고프다면, 넌 잠들 수 없어.

06. She is hungry ______________ she didn't have breakfast.
그녀는 아침을 먹지 않았기 때문에 배가 고파.

07. ______________ I promise something, I never break that promise.
내가 뭔가 약속하면, 난 절대 그 약속을 어기지(깨지) 않아.

08. ______________ you can dream it, you can do it.
네가 그것을 꿈꿀 수 있다면, 너는 그것을 할 수 있다.

09. He is mad at you ______________ you hit him.
네가 그를 때려서 그가 너에게 화가 났어.

10. ______________ it snows, we will build a snowman.
눈이 오면, 우리는 눈사람을 만들 거야.

정답 p.236

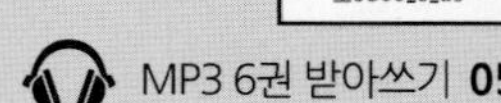

Dictation Test 5

MP3 6권 받아쓰기 **05**

Name : Date : Score : /10

[01~10] 들려주는 문장을 잘 듣고 빈칸에 알맞은 단어를 채워 보세요.

01. I go to school __________ 8 a.m.
나는 오전 8시에 학교에 가.

02. I have gym class __________ Tuesdays.
나는 화요일에 체육 수업이 있어.

03. It was cloudy __________ the morning.
아침에 날씨가 흐렸어.

04. I want to watch TV __________ 30 minutes.
저 30분 동안 텔레비전 보고 싶어요.

05. He slept __________ his lunch break.
그는 점심 시간 동안 잠을 잤어.

06. You should finish it __________ Sunday.
너는 그것을 일요일까지 끝내야 해.

07. My favorite show starts __________ 4 p.m.
제가 제일 좋아하는 쇼가 오후 4시에 시작해요.

08. We go to school __________ March.
우리는 3월에 학교에 가.

09. You must arrive __________ nine o'clock.
너는 9시까지 도착해야 해.

10. I'll study English __________ 6 p.m.
난 오후 6시까지 영어를 공부할 거야.

정답 p.236

Dictation Test 6

MP3 6권 받아쓰기 06

Name : Date : Score : /10

[01~10] 들려주는 문장을 잘 듣고 빈칸에 알맞은 단어를 채워 보세요.

01. My classroom is ____________ the 1st floor.
내 교실은 1층에 있어.

02. The playground is ____________ my classroom.
운동장은 내 교실 뒤에 있어.

03. I left my umbrella ____________ home.
나는 집에 우산을 놓고 왔어.

04. There is a bench ____________ a big tree.
큰 나무 아래에 벤치가 있어.

05. The cheese is ____________ ____________ the tomatoes.
치즈는 토마토들 옆에 있어.

06. There are cookies ____________ the jar.
병 안에 쿠키가 있어.

07. Kevin stands ____________ his children.
Kevin은 그의 아이들 사이에 서 있어.

08. A cute puppy is ____________ ____________ ____________ your grandfather!
귀여운 강아지가 너희 할아버지 앞에 있네!

09. There are many books ____________ a library.
도서관에는 책이 많이 있어.

10. The bus is ____________ Seoul station.
버스는 서울역에 있어.

정답 p.236

초3800_6_d7

Dictation Test 7

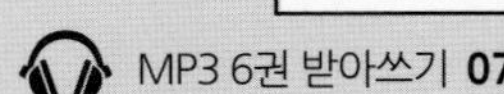

MP3 6권 받아쓰기 07

Name : Date : Score : /10

[01~10] 들려주는 문장을 잘 듣고 빈칸에 알맞은 단어를 채워 보세요.

01. Two kids are going ________ the stairs.
    두 명의 아이들이 계단을 올라가고 있다.

02. Nari is sliding ________ the slide.
    나리는 미끄럼틀을 미끄러져 내려가고 있어.

03. A woman is getting ________ ________ the car.
    한 여자가 차 밖으로 나오고 있다.

04. He fell ________ the jungle gym.
    그는 정글짐에서 떨어졌어.

05. We go ________ the beach together.
    우리는 함께 바닷가에 가.

06. Mom walks ________ the garden.
    엄마가 정원 안으로 걸어 들어오셔.

07. A car goes ________ a tunnel.
    차 한 대가 터널을 통과해서 간다.

08. We walk ________ the street.
    우리는 길을 건너서 걸어가.

09. A strange man goes ________ the store.
    수상한 남자가 가게 안으로 들어가.

10. He runs ________ ________ the store.
    그는 가게 밖으로 달려가.

정답 p.236

초3800_6_d8

Dictation Test 8

MP3 6권 받아쓰기 08

Name : Date : Score : /10

[01~10] 들려주는 문장을 잘 듣고 빈칸에 알맞은 단어를 채워 보세요.

01. We can't live ______________ water.
우리는 물 없이는 살 수 없어.

02. You look ______________ a rabbit.
너는 토끼처럼 보여. (토끼를 닮았어.)

03. It takes four hours ______________ train.
기차로 4시간이 걸려.

04. Will you dance ______________ me?
너는 나와 함께 춤을 출 거니?

05. I went there ______________ taxi.
나는 택시를 타고 그곳에 갔어.

06. The girl ______________ a hat is running.
모자를 쓴 그 소녀는 달리고 있어.

07. He walks quietly ______________ a cat.
그는 고양이처럼 조용히 걸어.

08. We will go there ______________ foot.
우리는 그곳에 걸어서 갈 거야.

09. There is no smoke ______________ fire.
아니 땐 굴뚝에 연기 나랴. (원인 없는 결과는 없다.)

10. He smiles ______________ an angel.
그는 천사처럼 웃어.

정답 p.236

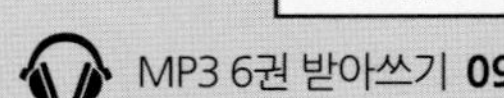

Dictation Test 9

MP3 6권 받아쓰기 09

Name : Date : Score : /10

[01~10] 들려주는 문장을 잘 듣고 빈칸에 알맞은 단어를 채워 보세요.

01. ________ ________ cried.
그 아기는 울었어.

02. My favorite subject is ________.
내가 가장 좋아하는 과목은 역사야.

03. Tony ________ in New York.
Tony는 뉴욕에 살아.

04. ________ ________ is very interesting.
그 영화는 아주 흥미로워.

05. Sihu ________ a lot.
시후는 말을 많이 한다.

06. The phone ________.
전화기가 울렸다.

07. My dad ________ a new smartphone.
나의 아빠는 새 스마트폰을 사셨다.

08. She planted ________.
그녀는 꽃들을 심었다.

09. Tom ________ math.
Tom은 수학을 공부한다.

10. John played ________ ________.
John은 피아노를 연주했다.

정답 p.236

Dictation Test 10

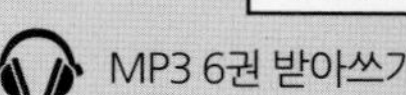

Name : Date : Score : /10

[01~10] 들려주는 문장을 잘 듣고 빈칸에 알맞은 단어를 채워 보세요.

01. __________ __________ melts.
눈이 녹아.

02. Everyone __________ loudly.
모든 사람들이 큰 소리로 웃었다.

03. Tony sat on __________ __________.
Tony는 벤치 위에 앉았어.

04. __________ comes soon.
내일은 곧 와.

05. Mike sings __________.
Mike는 노래를 잘해.

06. The snow falls on __________ __________.
눈은 땅 위에 떨어져.

07. He __________ in the yard.
그는 마당에 서 있어.

08. __________ __________ shines brightly.
태양은 밝게 빛나.

09. The wind __________.
바람이 불어.

10. __________ flies so fast.
시간이 너무 빨리 가.

정답 p.236

Dictation Test 11

Name : Date : Score : /10

[01~10] 들려주는 문장을 잘 듣고 빈칸에 알맞은 단어를 채워 보세요.

01. He ________________ a scientist.
그는 과학자가 되었어.

02. I feel ________________.
나는 배가 고파.

03. He ________________ happy.
그는 행복해 보여.

04. This game is ________________.
이 게임은 흥미로워.

05. Your shoes ________________ bad!
너의 신발 냄새가 고약해!

06. This cake ________________ sweet.
이 케이크는 달콤한 맛이 나.

07. The man is ________________.
그 남자는 강해.

08. His voice ________________ soft.
그의 목소리는 부드럽게 들렸어.

09. This puzzle is ________________.
이 퍼즐은 쉬워.

10. Leaves ________________ red and yellow.
나뭇잎들은 빨갛고 노랗게 변해.

정답 p.236

Dictation Test 12

MP3 6권 받아쓰기 12

Name : Date : Score : /10

[01~10] 들려주는 문장을 잘 듣고 빈칸에 알맞은 단어를 채워 보세요.

01. He plays __________ __________.
그는 피아노를 친다.

02. We ate __________ __________.
우리는 약간의 케이크를 먹었어.

03. He gave __________ a doll.
그는 나에게 인형을 줬어.

04. She showed me __________ __________.
그녀는 나에게 사진 한 장을 보여줬어.

05. I finished __________ __________.
나는 내 숙제를 끝냈어.

06. He tells __________ the truth.
그는 나에게 진실을 말해.

07. My parents washed __________ __________.
나의 부모님은 설거지를 하셨어.

08. He sent me __________ __________.
그는 나에게 이메일 하나를 보냈어.

09. We wrote __________ a letter.
우리는 그녀에게 편지를 썼어.

10. She heard __________ __________.
그녀는 그의 목소리를 들었어.

정답 p.236

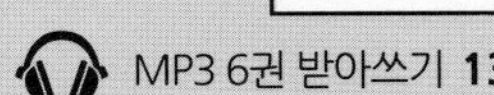

Dictation Test 13

MP3 6권 받아쓰기 **13**

Name : Date : Score : /10

[01~10] 들려주는 문장을 잘 듣고 빈칸에 알맞은 단어를 채워 보세요.

01. Mom bought a dog ______________ ______________.
엄마는 나를 위해 강아지를 사주셨어.

02. He gave a pencil ______________ ______________.
그는 나에게 연필 하나를 줬어.

03. Can I ask something ______________ ______________?
뭐 좀 물어봐도 될까요?

04. He teaches English ______________ ______________.
그는 나에게 영어를 가르쳐 줘.

05. She cooked some food ______________ ______________.
그녀는 나를 위해 음식을 요리해줬어.

06. The students asked a question ______________ ______________.
학생들이 그에게 질문을 했어.

07. I can lend my notebook ______________ ______________.
나는 너에게 내 공책을 빌려줄 수 있어.

08. I made cookies ______________ ______________ ______________.
나는 나의 선생님을 위해 쿠키를 만들었어.

09. I sent a birthday gift ______________ ______________.
나는 너에게 생일 선물을 보냈어.

10. Did you buy a cake ______________ ______________?
너는 그녀를 위한 케이크를 샀니?

정답 p.236

초3800_6_d14

Dictation Test 14

MP3 6권 받아쓰기 14

Name : Date : Score : /10

[01~10] 들려주는 문장을 잘 듣고 빈칸에 알맞은 단어를 채워 보세요.

01. We made her ________________.

우리는 그녀를 화나게 만들었어.

02. I heard him ________________ a song.

나는 그가 노래하는 것을 들었어.

03. Sihu saw her ________________.

시후는 그녀가 춤추는 것을 보았어.

04. I saw him ________________ a picture.

나는 그가 그림 그리는 것을 봤어.

05. I made mom ________________.

나는 엄마를 행복하게 했어.

06. I found the movie ________________.

나는 그 영화가 재미있다는 것을 알게 되었어.

07. She watched her boyfriend ________________ basketball.

그녀는 그녀의 남자친구가 농구하는 것을 지켜봤어.

08. He heard her ________________.

그는 그녀가 웃는 것을 들었어.

09. History makes him ________________.

역사는 그를 졸리게 만들어.

10. Mom made me ________________ ________________.

엄마는 나를 가수로 만들었어.

정답 p.236

단어테스트 1

다음 한글 뜻을 보고 영어 표현을 적으세요. Name : Date : Score : /26

01		명 축구	14		형 피곤한
02		명 야구	15		형 높은
03		동 열리다	16		명 점수
04		명 쇼핑몰	17		형 안 좋은
05		명 추위, 감기	18		형 조용한
06		동 머물다, 있다	19		동 닦다
07		동 운동하다	20		명 치통
08		명 과학	21		부 아직도
09		동 낚시하다	22		동 요리하다
10		형 졸린	23		동 마시다
11		명 베이컨	24		동 청소하다
12		명 아침(식사)	25		동 씻다
13		동 놓치다	26		동 돌다

정답 p.236

단어테스트 2

다음 한글 뜻을 보고 영어 표현을 적으세요. Name : Date : Score : /26

번호	영어	뜻	번호	영어	뜻
01		형 왼쪽의	14		동 누르다
02		명 우체국	15		명 버튼, 단추
03		부 똑바로	16		동 집중하다
04		명 교회	17		동 떠나다
05		동 도착하다	18		동 실패하다
06		명 시험	19		형 친절한
07		동 공부하다	20		명 거실
08		명 목도리	21		명 부엌
09		형 정직한	22		형 상쾌한
10		동 용서하다	23		동 웃다
11		형 실망한	24		명 여름
12		부 밖에	25		명 날씨
13		동 두드리다	26		형 조심스러운

정답 p.236

단어테스트 3

다음 한글 뜻을 보고 영어 표현을 적으세요. Name : Date : Score : /26

01 [ ] ㉻ 한가한
02 [ ] ㉶ ~하기 전에
03 [ ] ㉶ ~한 후에
04 [ ] ㉶ ~할 때
05 [ ] ㉷ 우비
06 [ ] ㉮ 끝난
07 [ ] ㉶ ~때문에
08 [ ] ㉷ 소음
09 [ ] ㉻ 배부른
10 [ ] ㉯ 눈오다
11 [ ] ㉯ 들어가다
12 [ ] ㉷ 아이들
13 [ ] ㉯ 끝내다
14 [ ] ㉮ 늦게
15 [ ] ㉻ 잠이 든
16 [ ] ㉷ 항아리
17 [ ] ㉷ 물
18 [ ] ㉻ 강한
19 [ ] ㉻ 용감한
20 [ ] ㉯ 전화하다
21 [ ] ㉯ 방해하다
22 [ ] ㉷ 선택
23 [ ] ㉻ 화난
24 [ ] ㉰ ~해야 하다
25 [ ] ㉯ 판단하다
26 [ ] ㉯ 약속하다

정답 p.236

단어테스트 4

다음 한글 뜻을 보고 영어 표현을 적으세요. Name : Date : Score : /26

01		동 보호하다
02		명 이
03		동 꿈꾸다
04		동 시도하다
05		부 절대 ~ 않다
06		동 사용하다
07		명 주말
08		형 바쁜
09		명 무지개
10		형 나이 많은
11		명 비행기
12		동 때리다
13		동 기다리다
14		형 어린
15		명 자전거
16		동 만들다
17		명 변화
18		명 마음
19		명 인생
20		형 어린
21		동 날다
22		전 ~처럼
23		명 새
24		동 얻다
25		명 발
26		접 만약 ~이라면

정답 p.236

단어테스트 5

다음 한글 뜻을 보고 영어 표현을 적으세요. Name : Date : Score : /26

번호	답	뜻	번호	답	뜻
01		명 5월	14		명 벽
02		명 월요일	15		명 아시아
03		명 평일	16		명 숲
04		명 주말	17		명 나라, 시골
05		명 3월	18		명 프랑스
06		전 ~동안에	19		명 책상
07		명 방학	20		명 창문
08		명 저녁	21		명 모니터
09		명 금요일	22		명 교실
10		전 ~동안에	23		명 체육관
11		명 휴식	24		명 화요일
12		명 버스정류장	25		동 그리다
13		명 층	26		명 그림

정답 p.237

단어테스트 6

다음 한글 뜻을 보고 영어 표현을 적으세요. Name : Date : Score : /26

01		형 비오는	14		명 치즈
02		형 흐린	15		형 가장 좋아하는
03		부 심하게, 아주 많이	16		조 ~해야 한다
04		동 남겨두다	17		명 구름
05		명 우산	18		형 옳은
06		명 벤치	19		동 서다
07		동 희망하다	20		명 할아버지
08		형 두 번째의	21		명 만화책
09		명 토마토	22		동 낳다
10		명 선반	23		명 도서관
11		명 분	24		명 나비
12		동 찾다	25		명 할머니
13		명 햄	26		명 칠판

정답 p.237

단어테스트 7

다음 한글 뜻을 보고 영어 표현을 적으세요. Name : Date : Score : /26

번호	답	뜻	번호	답	뜻
01		부 보통	14		전 ~없이
02		명 구멍	15		동 (시간이) 걸리다
03		동 이동하다	16		동 춤추다
04		명 바다	17		부 거기에
05		명 박물관	18		명 모자
06		동 넣다	19		형 낯선
07		명 계단	20		명 가게
08		형 금발의	21		부 조심히, 조용히
09		명 화장	22		명 도둑
10		동 웃다	23		명 머리(카락)
11		형 단	24		명 경찰
12		명 강	25		동 쫓아가다
13		동 흐르다	26		명 벌

정답 p.237

단어테스트 8

다음 한글 뜻을 보고 영어 표현을 적으세요. Name : Date : Score : /26

01 형 검은색의
02 명 길
03 명 수영복
04 접 ~때문에
05 명 다이빙대
06 동 뛰다
07 명 인어
08 동 미끄러지다
09 동 오르다
10 명 정글짐
11 명 터널
12 명 원숭이
13 동 여행하다
14 형 열려 있는
15 명 돼지 저금통
16 명 동전
17 명 돌고래
18 명 연기
19 명 불
20 동 타다
21 명 언덕
22 명 천사
23 형 추운
24 명 히터, 난방기
25 명 코트, 외투
26 명 가을

정답 p.237

단어테스트 9

다음 한글 뜻을 보고 영어 표현을 적으세요. Name : Date : Score : /26

01		명 중국어
02		부 크게
03		형 노란
04		명 햄스터
05		동 듣다
06		명 바람
07		명 과목
08		명 역사
09		형 재미있는
10		동 울리다
11		동 심다
12		형 친절한
13		명 야구
14		형 지루한
15		형 잘생긴
16		형 화난
17		동 (꽃이) 피다
18		전 ~의 주위에
19		동 녹다
20		명 동쪽
21		명 벤치
22		명 봄
23		형 따뜻한
24		명 풀
25		동 싹이 나다
26		명 개구리

정답 p.237

단어테스트 10

다음 한글 뜻을 보고 영어 표현을 적으세요. Name : Date : Score : /26

번호	답	뜻	번호	답	뜻
01		명 겨울잠	14		명 스카프, 목도리
02		명 날씨	15		동 떨어지다
03		명 옷	16		형 흰색의
04		형 젖은	17		명 눈사람
05		명 해변	18		동 굴리다
06		동 빛나다	19		형 신나는
07		부 밝게	20		형 깨끗한
08		동 ~으로 변하다	21		명 테니스
09		형 빨간	22		명 목소리
10		동 모으다	23		동 유지하다
11		명 낙엽	24		형 강한
12		동 태우다	25		동 ~이 되다
13		동 (바람이) 불다	26		명 엔지니어

정답 p.237

단어테스트 11

다음 한글 뜻을 보고 영어 표현을 적으세요. Name : Date : Score : /26

번호	답	뜻	번호	답	뜻
01		형 쉬운	14		형 배고픈
02		명 의사	15		명 스파게티
03		형 쓴	16		형 웃긴
04		동 ~한 냄새가 나다	17		명 선물
05		형 똑똑한, 영리한	18		형 예쁜
06		명 여배우	19		형 정직한
07		동 ~처럼 들리다	20		부 솔직하게
08		형 빠른	21		명 행복
09		형 파란색의	22		형 맛있는
10		형 창백한	23		명 달콤함
11		동 ~한 맛이 나다	24		명 바이올리니스트
12		형 화난	25		명 연주, 공연
13		형 어려운	26		형 완벽한

정답 p.237

단어테스트 12

다음 한글 뜻을 보고 영어 표현을 적으세요. Name : Date : Score : /26

01 ________ 명 완벽함
02 ________ 부 아름답게
03 ________ 동 가르치다
04 ________ 동 ~으로 변하다
05 ________ 명 편지
06 ________ 동 보내다
07 ________ 명 카드
08 ________ 명 청바지
09 ________ 명 요리사
10 ________ 명 과학자
11 ________ 명 이메일
12 ________ 명 실수
13 ________ 형 흥미로운
14 ________ 명 신발
15 ________ 명 반지
16 ________ 형 신
17 ________ 형 준비된
18 ________ 동 묻다
19 ________ 형 부드러운
20 ________ 명 파이
21 ________ 동 보여주다
22 ________ 명 사진
23 ________ 형 시끄러운
24 ________ 부 시끄럽게
25 ________ 명 농구선수
26 ________ 부 부드럽게

정답 p.237

단어테스트 13

다음 한글 뜻을 보고 영어 표현을 적으세요. Name : Date : Score : /26

번호	답	뜻	번호	답	뜻
01		명 숙제	14		명 수학
02		동 요리해 주다	15		명 질문
03		동 걱정시키다	16		명 사탕
04		동 쓰다, 적다	17		명 여왕
05		명 선물	18		동 끝내다
06		동 찾다	19		동 소리치다
07		동 얻다	20		명 경찰관
08		명 호의	21		형 놀란
09		명 과학	22		명 모자
10		명 학생	23		명 강아지
11		명 진실	24		명 식사
12		명 컴퓨터	25		명 아들
13		명 장미	26		명 저녁(식사)

정답 p.237

단어테스트 14

다음 한글 뜻을 보고 영어 표현을 적으세요. Name : Date : Score : /26

01 ㊀ 웃다
02 ㊔ 간식
03 ㊒ 빠른
04 ㊀ 건너다
05 ㊕ 쉽게
06 ㊕ 행복하게
07 ㊔ 얼굴
08 ㊕ 재미있게
09 ㊒ 아픈
10 ㊔ 농구
11 ㊔ 공
12 ㊔ 세계사
13 ㊒ 졸린
14 ㊕ 졸리는 듯이
15 ㊕ 불행히
16 ㊔ 카메라
17 ㊔ 가수
18 ㊔ 연필
19 ㊔ 선물
20 ㊔ 비밀
21 ㊔ 스트레스
22 ㊔ 일기
23 ㊀ 가져오다
24 ㊔ 이모티콘
25 ㊀ 빌려주다
26 ㊒ 많은

정답 p.237

워크북 정답

Dictation Test 1

01. or
02. but
03. and
04. or
05. so
06. and
07. but
08. and
09. so
10. but

Dictation Test 2

01. or
02. and
03. or
04. or
05. and
06. and
07. or
08. and
09. or
10. and

Dictation Test 3

01. before
02. after
03. When
04. before
05. After
06. when
07. Before
08. after
09. before
10. When

Dictation Test 4

01. because
02. If
03. because
04. because
05. If
06. because
07. If
08. If
09. because
10. If

Dictation Test 5

01. at
02. on
03. in
04. for
05. during
06. by
07. at
08. in
09. by
10. until

Dictation Test 6

01. on
02. behind
03. at
04. under
05. next, to
06. in
07. between
08. in, front, of
09. in
10. at

Dictation Test 7

01. up
02. down
03. out, of
04. from
05. to
06. into
07. through
08. across
09. into
10. out, of

Dictation Test 8

01. without
02. like
03. by
04. with
05. by
06. with
07. like
08. on
09. without
10. like

Dictation Test 9

01. The, baby
02. history
03. lives
04. The, movie
05. talks
06. rang
07. bought
08. flowers
09. studies
10. the, piano

Dictation Test 10

01. The, snow
02. laughed
03. the, bench
04. Tomorrow
05. well
06. the, ground
07. stands
08. The, sun
09. blows
10. Time

Dictation Test 11

01. became
02. hungry
03. looks
04. exciting
05. smell
06. tastes
07. strong
08. sounded
09. easy
10. turn

Dictation Test 12

01. the, piano
02. some, cake
03. me
04. a, picture
05. my, homework
06. me
07. the, dishes
08. an, e-mail
09. her
10. his, voice

Dictation Test 13

01. for, me
02. to, me
03. of, you
04. to, me
05. for, me
06. of, him
07. to, you
08. for, my, teacher
09. to, you
10. for, her

Dictation Test 14

01. angry
02. sing
03. dance
04. draw
05. happy
06. interesting
07. play
08. laugh
09. sleepy
10. a, singer

단어테스트 1

01. soccer
02. baseball
03. open
04. mall
05. cold
06. stay
07. exercise
08. science
09. fish
10. sleepy
11. bacon
12. breakfast
13. miss
14. tired
15. high
16. score
17. poor
18. quiet
19. brush
20. toothache
21. still
22. cook
23. drink
24. clean
25. wash
26. turn

단어테스트 2

01. left
02. post office
03. straight
04. church
05. arrive
06. exam
07. study
08. muffler
09. honest
10. forgive
11. disappointed
12. outside
13. knock
14. push
15. button
16. focus
17. leave
18. fail
19. kind
20. living room
21. kitchen
22. fresh
23. laugh
24. summer
25. weather
26. careful

단어테스트 3

01. free
02. before
03. after
04. when
05. raincoat
06. over
07. because
08. noise
09. full
10. snow
11. enter
12. children
13. finish
14. late
15. asleep
16. jar
17. water
18. strong
19. brave
20. call
21. interrupt
22. choice
23. mad
24. must
25. judge
26. promise

단어테스트 4

01. protect
02. tooth
03. dream
04. try
05. never
06. use
07. weekend

08. busy
09. rainbow
10. old
11. airplane
12. hit
13. wait
14. little
15. bicycle
16. build
17. change
18. mind
19. life
20. young
21. fly
22. like
23. bird
24. get
25. foot
26. if

단어테스트 5

01. May
02. Monday
03. weekday
04. weekend
05. March
06. during
07. vacation
08. evening
09. Friday
10. for
11. break
12. bus stop
13. floor
14. wall
15. Asia
16. forest
17. country
18. France
19. desk
20. window
21. monitor
22. classroom
23. gym
24. Tuesday
25. draw
26. picture

단어테스트 6

01. rainy
02. cloudy
03. heavily
04. leave
05. umbrella
06. bench
07. hope

08. second
09. tomato
10. shelf
11. minute
12. find
13. ham
14. cheese
15. favorite
16. should
17. cloud
18. right
19. stand
20. grandfather
21. comic book
22. bear
23. library
24. butterfly
25. grandmother
26. blackboard

단어테스트 7

01. usually
02. hole
03. move
04. ocean
05. museum
06. put
07. stairs
08. blond
09. makeup
10. smile
11. sweet
12. river
13. flow
14. without
15. take
16. dance
17. there
18. hat
19. strange
20. store
21. quietly
22. thief
23. hair
24. policeman
25. follow
26. bee

단어테스트 8

01. black
02. street
03. swimsuit
04. because
05. diving board
06. jump
07. mermaid

08. slide
09. climb
10. jungle gym
11. tunnel
12. monkey
13. travel
14. open
15. piggy bank
16. coin
17. dolphin
18. smoke
19. fire
20. ride
21. hill
22. angel
23. cold
24. heater
25. coat
26. autumn

단어테스트 9

01. Chinese
02. loudly
03. yellow
04. hamster
05. hear
06. wind
07. subject
08. history
09. interesting
10. ring
11. plant
12. kind
13. baseball
14. boring
15. handsome
16. angry
17. bloom
18. around
19. melt
20. east
21. bench
22. spring
23. warm
24. grass
25. sprout
26. frog

단어테스트 10

01. winter sleep
02. weather
03. clothes
04. wet
05. beach
06. shine
07. brightly

08. turn
09. red
10. collect
11. fallen leaves
12. burn
13. blow
14. scarf
15. fall
16. white
17. snowman
18. roll
19. excited
20. clean
21. tennis
22. voice
23. keep
24. strong
25. become
26. engineer

단어테스트 11

01. easy
02. doctor
03. bitter
04. smell
05. clever
06. actress
07. sound
08. fast
09. blue
10. pale
11. taste
12. upset
13. difficult
14. hungry
15. spaghetti
16. funny
17. gift
18. pretty
19. honest
20. honestly
21. happiness
22. delicious
23. sweetness
24. violinist
25. performance
26. perfect

단어테스트 12

01. perfection
02. beautifully
03. teach
04. turn
05. letter
06. send
07. card

08. jeans
09. cook
10. scientist
11. e-mail
12. mistake
13. exciting
14. shoes
15. ring
16. sour
17. ready
18. ask
19. soft
20. pie
21. show
22. picture
23. noisy
24. noisily
25. basketball player
26. softly

단어테스트 13

01. homework
02. cook
03. worry
04. write
05. present
06. find
07. get
08. favor
09. science
10. student
11. truth
12. computer
13. rose
14. math
15. question
16. candy
17. queen
18. finish
19. shout
20. police officer
21. surprised
22. cap
23. puppy
24. meal
25. son
26. dinner

단어테스트 14

01. laugh
02. snack
03. quick
04. cross
05. easily
06. happily
07. face

08. interestingly
09. sick
10. basketball
11. ball
12. world history
13. sleepy
14. sleepily
15. sadly
16. camera
17. singer
18. pencil
19. gift
20. secret
21. stress
22. diary
23. bring
24. emoticon
25. lend
26. much

재미로 익히는
문화상식

영어로 이름 나타내기!

Hi,
are you Hyesoo Park?
안녕? 네가 혜수박이니?

???

James Kim

아이쿠, 저런! 혜수가 오해를 했네요!
우리나라에서는 이름을 표현할 때, **성(박)**이 **먼저** 오고 그 다음에 **이름(혜수)**이 오죠?
하지만 미국에서는 **이름(James)**이 **먼저** 오고, **성(Kim)**이 **뒤**에 온답니다.
그래서 영어에서는 **이름**을 **'first name'**이라고 하고, **성**을 **'last name'**이라고 해요.
박혜수는 당연히 Hyesoo Park이라고 표현하겠죠?

재미로 익히는
문화상식

나이 세기

James

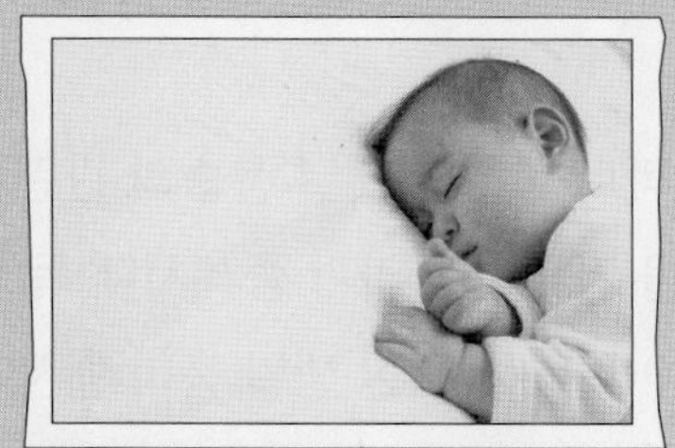
Minho

James와 **민호**는 **2020년 3월 31일**에 태어났어요. 그렇다면 **2027년 3월 31일**에 James와 민호는 각각 몇 살일까요?
둘 다 8살 아니냐구요? **민호**는 **8살**이지만, James는 **7살**이랍니다!
한국에서는 **아기가 엄마의 뱃속에 있을 때부터 나이를 세지만,** 미국에서는 **태어난 날부터 나이를 세기 때문**이에요.
똑같은 날에 태어났는데 나이가 다르다니, 신기하죠?

재미로 익히는 문화상식

얼굴에 케이크 묻히기 - 루킹 래징(Rooking Razzing)

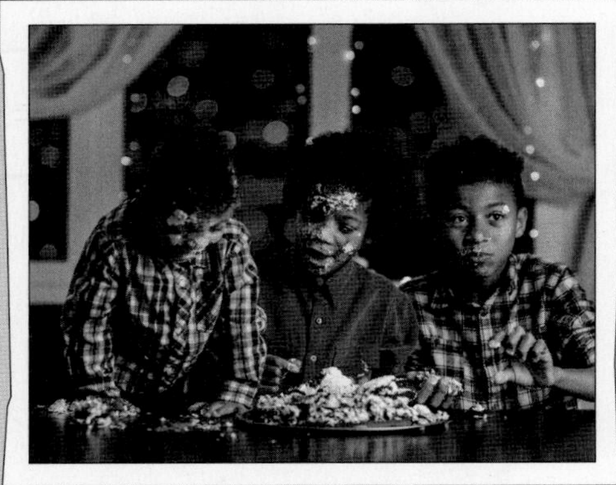

생일을 맞은 친구에게 장난삼아 케이크를 묻혀 본 적 있나요?
심하게 장난을 치면 절대 안 되지만 얼굴에 가볍게 케이크를 묻히며 장난치는 건 생일 파티의 재미를 더해 주죠?
그런데 이렇게 얼굴에 케이크를 묻히는 게 서양의 오래된 풍습 중의 하나래요! 이 풍습은 '**루킹 래징(Rooking Razzing)**'이라고 불리는데 신체에 피해가 가지 않는 한에서 케이크를 이용해 장난을 치면서 서로의 애정을 확인하는 의미에서 시작되었다고 해요.
하지만 친구가 기분이 나쁘거나 다칠 수 있으니까 너무 심하게 장난을 치면 안 되겠죠?

재미로 익히는 문화상식

생일 케이크의 촛불은 언제부터 불게 되었을까요?

누군가의 생일이 되면 케이크에 그 사람의 나이만큼 초를 꽂고, 촛불을 불어 소원을 빌죠?
그런데 언제부터 생일 케이크의 촛불을 불기 시작했을까요?
이건 바로 독일의 옛날 풍습과 관련 있답니다.
시간을 거슬러 올라가 중세시대 독일에서는 '**킨테 페스테**'라는 어린이를 위한 생일 축하 행사가 있었어요.
생일날 아침, 촛불로 장식된 케이크를 아이의 앞에 놓고,
저녁식사 때 온 가족이 케이크를 먹을 때까지 계속 켜 놓았어요. 특이한 점은
생일을 맞은 아이의 나이보다 초를 한 개 더 놓았는데 이것은 다음 한 해도 건강하길 바라는 소망을 나타낸 거예요.
촛불을 한 번에 끄고, 초를 불며 빈 소원을 말하지 않는 것도 바로 여기서 유래된 거랍니다!
독일의 오래된 전통이 한국에도 전해져 왔다는 게 참 신기하죠?

Read, circle and write.

정답은 뒷면에서 확인하세요.

큰 소리로 읽고, 알맞은 단어를 골라 동그라미 하고 써 보세요.

1. I have red lip (lip / wig)s.

2. The elephant is (stupid / big).

3. The man is on the (bed / bat).

4. The hamster eats (nut / net)s.

5. The (pot / pet) is very hot.

6. The kid eats a (cupcake / pancake).

elephant 코끼리 **on** ~위에 **very** 매우

Read, circle and write.

큰 소리로 읽고, 알맞은 단어를 골라 동그라미 하고 써 보세요.

1. 
I have red lip (lip / wig)s.

2. 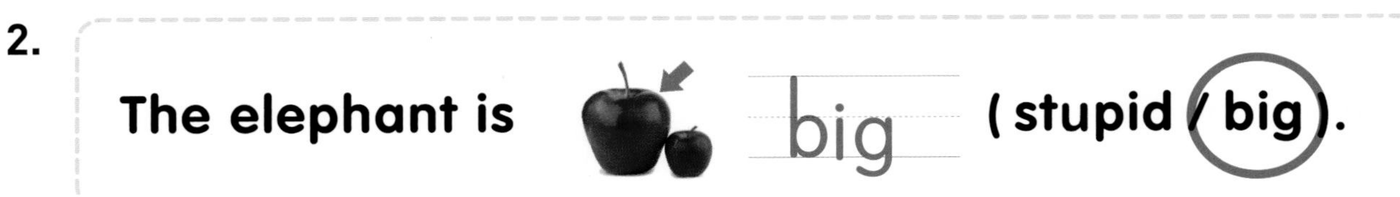
The elephant is big (stupid / big).

3. 
The man is on the bed (bed / bat).

4. 
The hamster eats nut (nut / net)s.

5. 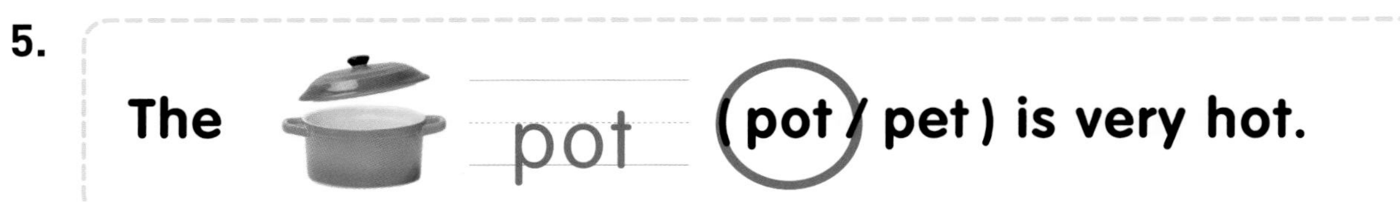
The pot (pot / pet) is very hot.

6. 
The kid eats a cupcake (cupcake / pancake).

elephant 코끼리 **on** ~위에 **very** 매우

초등영문법 3800제

정답과 해설

기본 2단계 접속사 / 전치사 / 문장의 형식

초등영문법 3800제

정답과 해설

6

LEVEL

기본 2 단계

Chapter 01 접속사

Unit 01 접속사 and, but, or, so

Check and Write

▶ 본문 p.13

2. but 3. but 4. and 5. or
6. so 7. and 8. but 9. and
10. so 11. but

Unit 02 '명령문, and'와 '명령문, or'

Check and Write

▶ 본문 p.15

A 2. 그러면 3. 그렇지 않으면
B 2. and 3. or 4. or

Practice 1

▶ 본문 p.16

A 2. so 3. but 4. and 5. but
6. and 7. or
B 1. or 2. and 3. and
C 1. or 2. and 3. so 4. so
5. but
D 1. and 2. or 3. or 4. or
5. and

Practice 2

▶ 본문 p.18

2. He drinks a lot of milk, but he doesn't drink coffee
그는 우유를 많이 마시지만 커피는 마시지 않아.
3. Wear a muffler, or you will catch a cold
목도리를 해라, 그렇지 않으면 감기에 걸릴 거야.
4. Be honest, and she will forgive you
정직해라, 그러면 그녀는 너를 용서할 거야.
5. Be honest, or she will be disappointed
정직해라, 그렇지 않으면 그녀는 실망할 거야.
6. We played games and sang songs together
우리는 게임을 하고, 함께 노래를 불렀어.
7. I have a brother, but I don't have a sister
나는 남동생이 한 명 있지만 여동생은 없어.
8. It was raining outside, so I took an umbrella
밖에 비가 오고 있어서 나는 우산을 챙겼어.
9. Knock on the door, and it will be opened
문을 두드려라, 그러면 그것은 열릴 것이다.
10. Come to my birthday party, and you'll have a great time
내 생일파티에 와, 그러면 너는 즐거운 시간을 보내게 될 거야.
11. Push the button, and the door will open
버튼을 눌러라, 그러면 문이 열릴 거야.
12. She needed some help, so I helped her
그녀는 도움이 조금 필요해서 내가 그녀를 도왔어.
13. Finish your homework, or you cannot play the games
너의 숙제를 끝내라, 그렇지 않으면 너는 게임할 수 없어.
14. Focus on your work, and you can finish it quickly
너의 일에 집중해라, 그러면 너는 그것을 빨리 끝낼 수 있어.
15. Give me something to eat, or I will eat you
나에게 먹을 무언가를 줘, 그렇지 않으면 나는 너를 잡아먹을 거야!
16. I will clean my room or wash the dishes
나는 내 방을 청소하거나 설거지를 할 거야.
17. Leave now, or you will miss the bus
지금 떠나라, 그렇지 않으면 너는 버스를 놓칠 것이다.
18. Work hard, or you will fail
열심히 일해라, 그렇지 않으면 너는 실패할 거야.
19. Walk today, or you will have to run tomorrow
오늘 걸어라, 그렇지 않으면 너는 내일 뛰어야 할 것이다.
20. Be kind, and you will have many friends
친절해라, 그러면 너는 많은 친구들이 생길 것이다.

Practice 3

▶ 본문 p.21

2. or in the kitchen 3. or the baby can't sleep
4. so I went to bed early 5. and you will be healthy
6. so she is hungry 7. and you will feel fresh
8. and everything will be fine
9. so the weather is hot
10. or you will get hurt
11. but she doesn't like him
12. or your mom will be angry
13. and you'll be healthy 14. and the door will open
15. or Japanese 16. but she can't swim
17. but we didn't win
18. or you will forget it soon
19. and you don't have to memorize it
20. and you will hear the sound

Let's Practice More!

SET 01

▶ 본문 p.24

02. 하지만 03. 아니면 04. 그러면
05. 그렇지 않으면 06. 그러면 07. 그래서
08. 하지만 09. 그러면 10. 그렇지 않으면
11. 그리고 12. 아니면

SET 02

▶ 본문 p.25

02. or 03. or 04. and 05. but
06. and 07. or 08. so 09. or
10. so 11. but 12. or 13. or
14. and

SET 03

▶ 본문 p.26

02. but 03. and 04. or 05. so
06. or 07. and 08. but 09. but
10. or 11. and 12. so 13. or
14. or

SET 04

▶ 본문 p.27

02. and 03. or 04. and 05. and
06. or 07. and 08. and 09. or
10. or 11. or 12. or

SET 05

▶ 본문 p.28

02. and 03. or 04. or 05. and
06. or 07. and 08. and 09. or
10. or 11. or 12. and 13. and
14. or

SET 06

▶ 본문 p.29

02. × 03. × 04. × 05. ×
06. ○ 07. × 08. ○ 09. ×
10. ○ 11. ○ 12. × 13. ○
14. ○

SET 07

▶ 본문 p.30

02. Sihu and Mina went to the movies
시후와 미나는 영화를 보러 갔어.
03. There are some apples and oranges on the table
탁자 위에 약간의 사과와 오렌지가 있어.
04. I can't cook, but I can do the dishes
나는 요리를 할 수 없지만 설거지는 할 수 있어.
05. Sihu drank some milk, and he went to bed
시후는 우유를 좀 마셨고, 자러 갔어.
06. It is summer, so the weather is hot
여름이라서 날씨가 더워.
07. I studied hard, but I didn't pass the test
나는 열심히 공부를 했지만 그 시험을 통과하지 못했어.
08. Mom may be in the living room or in the kitchen
엄마는 거실이나 부엌에 계실지도 몰라.
09. We played games and sang songs together
우리는 게임을 하고, 함께 노래를 불렀어.
10. I am hungry, so I will eat some bread
나는 배가 고파서 빵을 좀 먹을 거야.
11. They drink a lot of milk, but they don't drink coffee
그들은 우유를 많이 마시지만 커피를 마시지 않아.
12. Are you Chinese or Japanese
너는 중국인이야, 아니면 일본인이야?
13. I got up late, so I have to hurry up
나는 늦게 일어나서 서둘러야 해.
14. He must be eight or nine years old
그는 여덟 살이나 아홉 살임이 틀림없어.
15. He likes her, but she doesn't like him
그는 그녀를 좋아하지만 그녀는 그를 좋아하지 않아.
16. I was tired, so I went to bed early
나는 피곤해서 일찍 잤어.
17. It was raining outside, so I took an umbrella
밖에 비가 오고 있어서 나는 우산을 가지고 갔어.
18. I had lunch, but I am still hungry
나는 점심을 먹었지만, 여전히 배가 고파.
19. I can swim, but she can't swim
나는 수영을 할 수 있지만 그녀는 수영을 못해.
20. I have an exam, so I have to study
나는 시험이 있어서 공부를 해야 해.

SET 08

▶ 본문 p.32

02. Wear a muffler, or you will catch a cold
목도리를 해라, 그렇지 않으면 너는 감기에 걸릴 거야.
03. Come over here, and you will hear the sound
여기로 와, 그러면 너는 그 소리를 듣게 될 거야.
04. Give me something to eat, or I will eat you
나에게 먹을 것을 줘, 그렇지 않으면 나는 너를 먹을 거야!
05. Write it down, and you don't have to memorize it
그것을 받아 적어, 그러면 너는 그것을 외울 필요가 없어.
06. Work hard, or you will fail
열심히 일해라, 그렇지 않으면 너는 실패할 거야.
07. Come to my birthday party, and you'll have a great time
내 생일 파티에 와, 그러면 너는 좋은 시간을 보내게 될 거야.
08. Go straight, and you will see a church
곧장 가, 그러면 교회가 보일 거야.
09. Walk today, or you will have to run tomorrow
오늘 걸어라, 그렇지 않으면 너는 내일 뛰어야 할 것이다.
10. Leave now, or you will miss the bus
지금 떠나라, 그렇지 않으면 너는 버스를 놓칠 것이다.
11. Push the button, and the door will open
그 버튼을 눌러, 그러면 그 문이 열릴 거야.
12. Dad, don't smoke, and you'll be healthy
아빠, 담배 피우지 마세요, 그러면 당신(아빠)은 건강해지실 거예요.
13. Be quiet, or the baby can't sleep
조용히 해라, 그렇지 않으면 아기가 잘 수 없어.
14. Clean your room, or your mom will be angry
네 방을 치워라, 그렇지 않으면 너의 엄마가 화내실 거야.
15. Turn left, and you will see the post office
왼쪽으로 돌아라, 그러면 우체국이 보일 거야.
16. Go straight, and you will arrive at school
곧장 가, 그러면 너는 학교에 도착할 거야.
17. Hurry up, and you will not be late
서둘러, 그러면 너는 늦지 않을 거야.
18. Get up early, and you can have breakfast
일찍 일어나, 그러면 너는 아침을 먹을 수 있어.
19. Be careful, or you will get hurt
조심해라, 그렇지 않으면 너는 다칠 거야.
20. Run, and you will not be late
뛰어, 그러면 너는 늦지 않을 거야.

Unit 03 when / after / before

Check and Write

▶ 본문 p.35

2. after 3. When 4. when

Unit 04 because / if

Check and Write

▶ 본문 p.37

2. If 3. Because 4. if

Practice 1

▶ 본문 p.38

A 2. because 3. After 4. before 5. When
B 1. when 2. When 3. before 4. after
5. because
C 1. When 2. Before 3. Because 4. after
5. When 6. because 7. If 8. After
9. Because

Practice 2

▶ 본문 p.40

2. If you win
3. If I win
4. when I have to be brave
5. If you miss him
6. when I'm taking a nap
7. because she didn't have breakfast
8. if they're mad
9. before you know them
10. If I promise something
11. because they love you
12. after she brushes her teeth

13. If you can dream it
14. If you don't try
15. If you want to be healthy
16. after you use it
17. before you go outside
18. when he cooks
19. because I like movies
20. When his mom is busy

Practice 3 ▶ 본문 p.43

2. after the rain stops
3. When I am older
4. after I finished my homework
5. because you hit him
6. If you don't want to tell me now
7. When I was little
8. If it snows
9. before it gets cold
10. if we just wait
11. before my mom changed her mind
12. after I got a call from my mom
13. before you have dinner
14. If you want to go out with your friends
15. When you want something
16. When I was young
17. when the weather is fine
18. If you see it
19. if you really try
20. before you finish your homework

Let's Practice More!

SET 01 ▶ 본문 p.46

02. When	03. when	04. after
05. Before	06. When	07. After
08. when	09. after	10. after
11. before	12. When	

SET 02 ▶ 본문 p.47

01. When I am older, I will buy an airplane
내가 더 나이가 들었을 때, 나는 비행기를 살 거야.
02. After I finished my homework, I watched TV
나는 숙제를 끝내고 나서, TV를 봤어.
03. When I was little, I wanted a bicycle for my birthday
내가 어렸을 때, 나는 내 생일 선물로 자전거 하나를 원했어.
04. Before you have dinner, you must wash your hands
너는 저녁을 먹기 전에, 손을 씻어야 해.
05. Before my mom changed her mind, I went to Sihu's house
엄마가 그녀의 마음을 바꾸기 전에, 나는 시후의 집으로 갔어.
06. After I got a call from my sister, I went home
내 여동생의 전화를 받고 나서, 나는 집으로 갔어.
07. When I was young, I wanted to fly like a bird
내가 어렸을 때, 나는 새처럼 날고 싶었어.
08. After the rain stops, you can see the rainbow
비가 그친 후에, 너는 무지개를 볼 수 있다.
09. Before you finish your homework, you can't go outside
너는 숙제를 끝내기 전에는, 밖에 나갈 수 없어.
10. After we finished lunch, we went back to our classroom
점심 식사를 마치고 난 후에, 우리는 교실로 돌아갔어.
11. Before class is finished, we can't leave the classroom
우리는 수업이 끝나기 전에, 교실을 떠날 수 없어.
12. When I found my dog[him], he[my dog] was sleeping under my bed
내가 그(개)를 찾았을 때, 나의 개는 내 침대 밑에서 자고 있었어.
13. Before I watched TV, I finished my homework
나는 TV를 보기 전에, 숙제를 끝냈어.
14. When I got home, my mom was cooking dinner
내가 집에 왔을 때, 나의 엄마는 저녁을 요리하고 계셨어.

SET 03 ▶ 본문 p.49

02. before	03. after	04. after
05. before	06. After	07. After
08. after	09. before	10. After
11. After	12. after	13. after
14. before		

SET 04 ▶ 본문 p.50

02. because	03. Because	04. If
05. If	06. because	07. If
08. because	09. because	10. Because
11. If	12. because	13. because
14. If		

SET 05 ▶ 본문 p.51

02. If	03. If	04. because
05. If	06. because	07. Because
08. if	09. If	10. because
11. If	12. if	13. because
14. because		

SET 06 ▶ 본문 p.52

02. because of	03. Because
04. because of	05. because
06. Because	07. because
08. because	09. Because
10. because	11. Because
12. because of	13. because
14. because	

SET 07 ▶ 본문 p.54

02. after the rain stops
03. When I found my dog
04. When school was over
05. after you have dinner
06. When I went to bed
07. when he cooks
08. after you fill this jar with water
09. when I have to be brave
10. When I am older
11. before you know them
12. after I finished my homework
13. When I was little
14. before my mom[mother] changed her mind
15. When his mom[mother] is busy

16. before you have lunch
17. after you use it
18. before you go outside
19. When I am tired
20. when I got home

SET 08 ▶ 본문 p.56

02. because it gets cold
03. because I didn't have dinner
04. If you can dream it
05. If you don't try
06. If you want to be healthy
07. Because I fell asleep late last night
08. If I promise something
09. Because we didn't have umbrellas
10. If you want to go out with your friends
11. Because I was full
12. If you miss him
13. If you see it again
14. if we just wait
15. If you don't want to tell me now
16. if she finishes her homework early
17. because she was sick
18. if you really try
19. If you want something in life
20. because I got a call from my mom

Chapter 02 전치사

Unit 01 시간의 전치사

Check and Write ▶ 본문 p.61

A 2. in 3. on 4. on 5. in
6. at

B 2. during, He slept during his lunch break
그는 점심시간 동안 잠을 잤다.
3. by, You should finish it by Sunday
너는 그것을 일요일까지 끝내야 한다.

Unit 02 장소의 전치사

Check and Write ▶ 본문 p.63

A 2. on 3. in 4. at 5. on
6. in

B 2. under 3. between 4. behind
5. in front of

Practice 1 ▶ 본문 p.64

A 2. on 3. on 4. behind 5. on
B 1. in 2. for 3. at 4. under
5. on 6. for 7. by
C 1. in 2. on 3. on 4. next to
5. for 6. at

Practice 2 ▶ 본문 p.66

2. I want to watch TV for 30 minutes
저 30분 동안 텔레비전 보고 싶어요.
3. I can't study during class
4. There is my pencil case under the desk
그 책상 밑에 나의 필통이 있어요.
5. My favorite show starts at 4 p.m
제가 제일 좋아하는 쇼가 오후 4시에 시작해요.
6. You should turn off the TV at 5 p.m
너는 오후 5시에 TV를 꺼야 해.
7. I'll study English until 6 p.m
난 오후 6시까지 영어를 공부할 거야.
8. There are cookies in the jar
병 안에 쿠키가 있어.
9. Kevin stands between his children
Kevin은 그의 아이들 사이에 서 있어.
10. Your father is behind you
11. He is standing next to my mother
그는 엄마 옆에 서 있어.
12. A cute puppy is in front of your grandfather
귀여운 강아지가 너희 할아버지 앞에 있네!
13. My younger brother is between the puppy and me
내 남동생은 강아지와 나 사이에 있어.
14. I want to get some comic books on my birthday
나는 내 생일에 만화책을 좀 받고 싶어.
15. I was born in 2004
나는 2004년도에 태어났어.
16. There are many books in a library
도서관에는 책이 많이 있어.
17. Santa Claus is next to the Christmas tree
Santa Claus는 크리스마스트리 옆에 있어.
18. It snowed for three days
3일 동안 눈이 내렸어.
19. Don't walk behind me
내 뒤에서 걷지 마.
20. The butterfly landed on a flower
나비가 꽃 위에 앉았어.

Practice 3 ▶ 본문 p.69

2. He is sitting next to a girl
그는 한 소녀 옆에 앉아 있어.
3. What do you do on Christmas Day
너 크리스마스 날에 뭐 하니?
4. I will[am going to] have a party at home
나는 집에서 파티 할 거야.
5. My grandmother lives in Ulsan
나의 할머니는 울산에 사셔.
6. Let's meet again in 2017
2017년에 다시 만나자.
7. They are standing in front of the blackboard
그들은 칠판 앞에 서 있어.

8. Korea is a country in Asia
한국은 아시아에 있는 나라야.
9. She went jogging in the morning
그녀는 아침에 조깅을 했어.
10. You must arrive by nine o'clock
너는 9시까지 도착해야 해.
11. The bus is at Seoul station
버스는 서울역에 있어.
12. I sleep until 1 p.m. on weekends
난 주말에 오후 1시까지 자.
13. You can buy it at the bookstore
넌 그것을 서점에서 살 수 있어.
14. Finish your homework by 6 p.m
너의 숙제를 오후 6시까지 끝내.
15. will[is going to] host the Olympic Games in 2018
16. I worked on my homework until 8 p.m
나는 오후 8시까지 숙제를 했어.
17. There are clouds in the sky
하늘에 구름이 있어.
18. A truck is behind you
트럭이 네 뒤에 있어.
19. Let's meet in front of the carousel
20. The dog is sitting between two boys
그 개는 두 명의 소년들 사이에 앉아 있어.

Let's Practice More!

SET 01 ▶ 본문 p.72

02. on 03. at 04. at 05. on
06. at 07. on 08. on 09. on
10. at 11. at 12. on

SET 02 ▶ 본문 p.73

02. on 03. in 04. on 05. in
06. at 07. in 08. in 09. at
10. at 11. on 12. at 13. in
14. at

SET 03 ▶ 본문 p.74

02. for 03. during 04. for
05. during 06. during 07. for
08. during 09. for 10. for
11. during 12. for 13. during
14. during

SET 04 ▶ 본문 p.75

02. until 03. by 04. by 05. until
06. until 07. until 08. by 09. by
10. until 11. by 12. until

SET 05 ▶ 본문 p.76

02. in 03. in 04. at 05. in
06. at 07. on 08. at 09. on
10. in 11. in 12. on 13. in
14. on

SET 06 ▶ 본문 p.77

02. at 03. on 04. in 05. on
06. at 07. in 08. on 09. on
10. at 11. on 12. on 13. in
14. on

SET 07 ▶ 본문 p.78

02. behind 03. under 04. next to
05. between 06. next to 07. in front of
08. between 09. in front of 10. behind
11. between 12. behind 13. under
14. in front of 15. under 16. in front of
17. under 18. behind 19. between
20. next to

SET 08 ▶ 본문 p.80

02. behind 03. on 04. next to
05. behind 06. under 07. between
08. next to 09. under 10. in front of
11. in front of 12. behind 13. behind
14. on 15. between 16. behind
17. under 18. in front of 19. next to
20. in front of

Unit 03 방향의 전치사

Check and Write ▶ 본문 p.83

A 2. across the ocean 바다를 건너서
3. into the water 물속으로
B 2. into 3. down

Unit 04 기타 전치사

Check and Write ▶ 본문 p.85

2. like 3. by 4. with
5. by 6. with

Practice 1 ▶ 본문 p.86

A 2. like 3. out, of 4. with 5. across
B 1. to 2. with 3. on 4. across
5. from 6. down 7. by
C 1. to 2. without 3. up 4. into
5. like 6. out, of 7. with

Practice 2 ▶ 본문 p.88

2. down 3. out of 4. with
5. up 6. from 7. with
8. through 9. up 10. by
11. by 12. to 13. from, to
14. into 15. out of 16. without
17. with 18. with 19. without
20. down

Practice 3 ▶ 본문 p.91

2. He smiles like an angel
그는 천사처럼 웃어.
3. You can go there by bicycle
너는 그곳에 자전거를 타고 갈 수 있어.
4. We cannot[can't] live without a heater
우리는 히터 없이 살 수 없어.
5. Don't go out without a coat
코트 없이 밖에 나가지 마.
6. leaves fall from the trees

7. She draws a picture with her father
그녀는 그녀의 아버지와 함께 그림을 그려.

8. They move to a warmer place
그들은 더 따뜻한 곳으로 이동해.

9. She studies science with Mike
그녀는 Mike와 함께 과학을 공부해.

10. It is open from 8 a.m. to 9 p.m
그것은 오전 8시부터 오후 9시까지 열려 있어.

11. Birds fly across the river
새들은 강을 가로질러 날아.

12. There is a girl with black hair
검은 머리를 가진 여자아이가 있어.

13. I moved from Seoul to Jeonju
나는 서울에서 전주로 이사했어.

14. A car goes through a tunnel
차 한 대가 터널을 통과해서 간다.

15. They are going up the mountain
그들은 산에 오르고 있어.

16. He takes a picture with his sister
그는 그의 누나와 함께 사진을 찍는다.

17. They are busy like honeybees
그들은 꿀벌들처럼 바빠.

18. They do their homework with their grandfather
그들은 그들의 할아버지와 함께 숙제한다.

19. Mom walks into the garden
엄마가 정원 안으로 걸어 들어오셔.

20. The Han River flows through Seoul
한강은 서울을 통과해서 흐른다.

Let's Practice More!

SET 01 ▶ 본문 p.94

02. down　03. into　04. down
05. out of　06. up　07. down
08. up　09. into　10. down
11. out of　12. up

SET 02 ▶ 본문 p.95

02. down　03. ○　04. ○
05. up　06. up　07. out of
08. ○　09. into　10. ○
11. ○　12. out of　13. into
14. ○

SET 03 ▶ 본문 p.96

02. through　03. from　04. to
05. across　06. through　07. from
08. to　09. to　10. across
11. from　12. through

SET 04 ▶ 본문 p.97

02. ○　03. from　04. to
05. from　06. ○　07. from
08. ○　09. through　10. ○
11. to　12. across　13. ○
14. through

SET 05 ▶ 본문 p.98

02. ○　03. with　04. by
05. ○　06. by　07. without
08. ○　09. with　10. without
11. ○　12. with　13. ○
14. ○

SET 06 ▶ 본문 p.99

02. like　03. to　04. out of
05. with　06. into　07. up
08. by　09. from　10. like
11. without　12. by　13. out of
14. without

SET 07 ▶ 본문 p.100

02. A monkey is climbing up the tree
원숭이 한 마리가 나무를 올라가고 있어.

03. Birds fly across the river
새들은 강을 가로질러 날아.

04. Sihu is climbing up the jungle gym
시후는 정글짐을 오르고 있어.

05. They slide down the hill
그들은 언덕을 미끄러져 내려와.

06. Are we going through the tunnel
우리가 터널을 통과해서 가고 있나요?

07. He runs out of the store
그는 가게 밖으로 달려가.

08. She goes up the stairs
그녀는 계단을 올라가.

09. You put a coin into a piggy bank
넌 동전을 돼지저금통 안에 넣어.

10. We walk down the street
우리는 길을 걸어 내려가.

11. She is walking down the stairs
그녀는 계단을 걸어 내려가고 있어.

12. Two kids are going up the stairs
두 명의 아이들이 계단을 올라가고 있다.

13. Mom walks into the garden
엄마가 정원 안으로 걸어 들어오셔.

14. A car goes through a tunnel
차 한 대가 터널을 통과해서 간다.

15. Nara is sliding down the slide
나라는 미끄럼틀을 미끄러져 내려가고 있어.

16. A policeman follows him across the street
경찰이 거리를 가로질러 그를 쫓아가.

17. She gets out of the pool
그녀는 수영장 밖으로 나와.

18. The Han River flows through Seoul
한강은 서울을 통과해서 흐른다.

19. A strange man goes into the store
수상한 남자가 가게 안으로 들어가.

20. A woman is getting out of the car
한 여자가 차 밖으로 나오고 있다.

SET 08 ▶ 본문 p.102

02. He is a thief with a black cap
그는 검은 모자를 쓴 도둑이야!

03. It takes twenty minutes to get there from our house
우리 집에서 거기까지 가는 데 20분이 걸려.

04. She studies science with Mike
그녀는 Mike와 함께 과학을 공부해.

05. I'm going to the post office
나는 우체국에 가는 중이야.

06. I moved from Seoul to Jeonju[I moved to Jeonju from Seoul]
나는 서울에서 전주로 이사했다.

07. They do their homework with their grandfather
그들은 그들의 할아버지와 함께 숙제한다.

08. There is no smoke without fire
아니 땐 굴뚝에 연기 나랴. (원인 없는 결과는 없다.)

09. Nari goes to the swimming pool
나리는 수영장에 가.

10. He fell from the jungle gym
그는 정글짐에서 떨어졌어.

11. He smiles like an angel
그는 천사처럼 웃어.

12. We travel by train
우리는 기차를 타고 여행해.

13. We go to the beach
우리는 바닷가에 가.

14. She swims like a mermaid
그녀는 인어처럼 수영해.

15. We cannot be happy without love
우리는 사랑 없이는 행복할 수 없어.

16. They travel by airplane
그들은 비행기를 타고 여행해.

17. I will go there with my sister
나는 그곳에 나의 여동생과 함께 갈 거야.

18. You can go there by bicycle
너는 그곳에 자전거를 타고 갈 수 있어.

19. We cannot live without a heater
우리는 히터 없이 살 수 없어.

20. She went to the pool without her swimsuit
그녀는 수영복 없이 수영장에 갔어.

Chapter 01~02 실전테스트 ▶ 본문 p.104

01. on　02. behind
03. ③　04. or
05. I feel good but tired. 나는 기분이 좋지만 피곤하다.
06. by　07. under
08. at　09. on
10. without　11. from, to
12. When　13. because of
14. until　15. for
16. because of　17. when
18. before　19. after
20. when　21. before
22. ②　23. ②
24. ③　25. ③
26. ④　27. and
28. When
29. 택시를 타라, 그러면 너는 늦지 않을 것이다.
30. 미안하다고 말해라, 그렇지 않으면 나는 다시는 너를 안 볼 것이다.

Chapter 03 문장의 형식

Unit 01 영어의 필수 문장 성분

Check and Write ▶ 본문 p.111

A 2. My favorite subject　3. Tony　4. The movie
B 2. rang　3. has　4. bought
C 2. them　3. the piano　4. a tree
D 2. a singer　3. boring　4. sing　5. handsome　6. angry

Unit 02 1형식

Check and Write ▶ 본문 p.113

A 2. Everyone　3. Children
B 2. laughed　3. played
C 2. well　3. on the ground　4. on the bench

Practice 1 ▶ 본문 p.114

A 2. Flowers　3. snow　4. grass　5. Frogs
B 1. weather　2. We　3. clothes　4. sun　5. Jake
C 2. collects　3. burnt　4. blows　5. need
D 1. falls　2. is　3. make　4. roll　5. are

Practice 2 ▶ 본문 p.116

2. tennis　3. the door　4. a brother
5. Mina　6. TV　7. him
8. his voice　9. a notebook　10. computers
12. sad　13. angel　14. clean
15. strong　16. an engineer　17. a cook
18. red and yellow　19. honest
20. exciting

Practice 3 ▶ 본문 p.118

2. well　3. brightly　4. so fast
5. soon　6. on the ground
7. into the snow　8. in the yard　9. like a pig
10. ×　11. ×　12. in Seoul
13. in New York　14. ×
15. in the morning
17. The baby smiled 아기가 웃었어.
18. The flowers bloom in the spring 봄에 꽃이 피어.
19. The sun rises 해가 떠.

20. A bird fell from the sky 하늘에서 새 한 마리가 떨어졌어.

Let's Practice More!

SET 01
▶ 본문 p.120

02. He 03. The phone 04. A dog
05. We 06. I 07. My family
08. The wind 09. Jake 10. Spring
11. We 12. My sister

SET 02
▶ 본문 p.121

02. is 03. shines 04. burnt 05. need
06. are 07. likes 08. watch 09. bought
10. looks 11. am 12. turn 13. is
14. is

SET 03
▶ 본문 p.122

02. tennis 03. the door 04. a brother
05. Mina 06. TV 07. him
08. his voice 09. a notebook 10. computers
11. a snowman 12. the snow
13. the fallen leaves 14. foreign coins

SET 04
▶ 본문 p.123

02. strong 03. an engineer 04. red and yellow
05. exciting 06. a cook 07. warm
08. hot 09. wet 10. sad
11. a good swimmer 12. white

SET 05
▶ 본문 p.124

02. 주격보어 03. 목적격보어 04. 주격보어 05. 목적격보어
06. 주격보어 07. 주격보어 08. 주격보어 09. 목적격보어
10. 주격보어 11. 주격보어 12. 주격보어 13. 주격보어
14. 주격보어

SET 06
▶ 본문 p.125

02. well 03. on the ground
04. so fast 05. soon
06. brightly 07. into the snow
08. in the yard 09. slowly
10. in the morning 11. in the spring
12. from the sky 13. from their winter sleep
14. to the beach

SET 07
▶ 본문 p.126

02. 1 03. 1 04. 1 05. ×
06. × 07. 1 08. × 09. ×
10. × 11. 1 12. × 13. 1
14. × 15. × 16. 1 17. ×
18. × 19. 1 20. ×

SET 08
▶ 본문 p.128

01. 주어: The baby / 동사: cried
02. 주어: The snow / 동사: falls
03. 주어: They / 동사: are / 보어: happy
04. 주어: The man / 동사: is / 보어: strong
05. 주어: The birds / 동사: sing
06. 주어: His parents / 동사: are / 보어: kind
07. 주어: The ice cream / 동사: melts
08. 주어: Flowers / 동사: bloom
09. 주어: The leaves / 동사: turn / 보어: red and yellow
10. 주어: The wind / 동사: blows
11. 주어: She / 동사: became / 보어: an engineer
12. 주어: My clothes / 동사: got / 보어: wet
13. 주어: We / 동사: are / 보어: excited
14. 주어: He / 동사: looks / 보어: happy
15. 주어: She / 동사: sings
16. 주어: Jake / 동사: was / 보어: a teacher
17. 주어: The phone / 동사: rang
18. 주어: My room / 동사: is / 보어: clean
19. 주어: A dog / 동사: runs
20. 주어: A bird / 동사: fell

Unit 03 2형식

Check and Write
▶ 본문 p.131

A 2. Korean 3. clever 4. an actress
5. cute 6. a teacher 7. fast
8. my parents

B 2. redly 3. is tasting 4. easily
5. dancing

C 2. delicious 3. hungry 4. funny

Unit 04 3형식과 4형식

Check and Write
▶ 본문 p.133

A 2. a book 3. a pretty doll
B 2. her friend 3. her cat
C 2. a Pepero 3. some water

Practice 1
▶ 본문 p.134

2. honest 3. happy 4. delicious
5. sweet 6. a violinist 7. ready
8. perfect 9. beautiful 10. red
12. 2 13. 3 14. 3
15. 3 17. him cookies 18. her a letter
19. me a birthday card 20. me jeans

Practice 2
▶ 본문 p.136

2. Leaves turn red and yellow / 2
나뭇잎들은 빨갛고 노랗게 변해.
3. He sent me an e-mail / 4
그는 나에게 이메일 하나를 보냈어.
4. He looks happy / 2
그는 행복해 보여.
5. He tells me the truth / 4
그는 나에게 진실을 말해.
6. This game is exciting / 2
이 게임은 흥미로워.
7. Your shoes smell bad / 2
너의 신발 냄새가 고약해!
8. I gave him some water / 4
나는 그에게 약간의 물을 주었어.
9. He plays the piano / 3
그는 피아노를 친다.
10. He wrote me a letter / 4
그는 나에게 편지 하나를 써줬어.
11. This cake tastes sweet / 2
이 케이크는 달콤한 맛이 나.

12. We bought him a new bag / 4
우리는 그에게 새 가방 하나를 사주었다.

13. She became a cook / 2
그녀는 요리사가 되었어.

14. She doesn't know him / 3
그녀는 그를 모른다.

15. He made me a ring / 4
그는 나에게 반지 하나를 만들어 주었어.

16. I gave him a present / 4
나는 그에게 선물 하나를 줬어.

17. I bought a new computer / 3
나는 새 컴퓨터 하나를 샀어.

18. I teach my students science / 4
나는 내 학생들에게 과학을 가르쳐.

19. I feel hungry / 2
나는 배가 고파.

20. I asked him a favor / 4
나는 그에게 부탁했어.

Practice 3

▶ 본문 p.139

2. delicious
3. Minho
4. me a picture
5. mom a ring
6. happy
7. noisily
8. a basketball player
9. soft
10. us dinner
11. a mistake
12. her baby a new toy
13. him a question
14. red
15. easy
16. strong
17. the dishes
18. me math
19. my homework
20. his voice

Let's Practice More!

SET 01

▶ 본문 p.142

02. honest 03. look 04. smells 05. sweet
06. became 07. ready 08. perfect 09. red
10. look 11. hungry 12. tastes

SET 02

▶ 본문 p.143

02. This pie smells delicious
이 파이는 맛있는 냄새가 나.

03. He is happy
그는 행복해.

04. He became a basketball player
그는 농구 선수가 되었어.

05. His voice sounded soft
그의 목소리는 부드럽게 들렸어.

06. My face turned red
내 얼굴은 붉어졌어(붉게 변했어).

07. This puzzle is easy
이 퍼즐은 쉬워.

08. The man is strong
그 남자는 강해.

09. It tastes bitter
그것은 쓴 맛이 나.

10. He became a scientist
그는 과학자가 되었어.

11. Leaves turn red and yellow
나뭇잎들은 빨갛고 노랗게 변해.

12. He looks happy
그는 행복해 보여.

SET 03

▶ 본문 p.144

02. me, the truth / 4
03. the piano / 3
04. me, a letter / 4
05. him / 3
06. him, a new bag / 4
07. him, some water / 4
08. a new computer / 3
09. my students, science / 4
10. a mistake / 3
11. the dishes / 3
12. him, a question / 4
13. her baby, a new toy / 4
14. my homework / 3

SET 04

▶ 본문 p.145

02. want happiness
03. plays the piano
04. ate some cake
05. me jeans
06. teaches English
07. me a doll
08. him cookies
09. likes Minho
10. washed the dishes
11. me math
12. me a birthday card

SET 05

▶ 본문 p.146

02. 보어, 2 03. 보어, 2 04. 목적어, 3 05. 보어, 2
06. 보어, 2 07. 목적어, 3 08. 보어, 2 09. 보어, 2
10. 보어, 2 11. 보어, 2 12. 목적어, 3 13. 보어, 2
14. 목적어, 3

SET 06

▶ 본문 p.147

02. Minho 03. a picture 04. a ring
05. a new toy 06. dinner 07. a mistake
08. a basketball player 09. easy
10. strong 11. math 12. my homework
13. his voice 14. honest

SET 07

▶ 본문 p.148

02. You look happy
너 행복해 보여.

03. She looks beautiful
그녀는 아름다워 보여.

04. I want happiness
나는 행복을 원해.

05. She plays the piano
그녀는 피아노를 연주해.

06. He showed me a picture
그는 나에게 사진 한 장을 보여줬어.

07. He gave me a doll
그는 나에게 인형을 줬어.

08. Mom made him cookies
엄마는 그에게 쿠키를 만들어 주셨어.

09. He became a scientist
그는 과학자가 되었어.

10. Birds sing noisily
새들이 시끄럽게 노래한다(지저귄다).

11. Dad cooked us dinner
아빠는 우리에게 저녁을 요리해주셨어.

12. I gave him some water
나는 그에게 약간의 물을 주었어.

13. She doesn't know him
그녀는 그를 모른다.

14. I asked him a favor
나는 그에게 부탁했어.

15. He made me a ring
그는 나에게 반지 하나를 만들어 주었어.

16. This game is exciting
이 게임은 흥미로워.

17. He sent me an e-mail
그는 나에게 이메일 하나를 보냈어.

18. I gave him a present
나는 그에게 선물 하나를 줬어.

19. I ask him a question
나는 그에게 질문을 하나 해.

20. She became a violinist
그녀는 바이올리니스트가 되었어.

SET 08

▶ 본문 p.150

02. 4	03. 4	04. 3	05. 4
06. 2	07. 3	08. 2	09. 2
10. 3	11. 3	12. 2	13. 3
14. 4	15. 3	16. 2	17. 2
18. 4	19. 4	20. 3	

Unit 05 4형식을 3형식으로 바꾸기

Check and Write

▶ 본문 p.153

A 2. to 3. for 4. of 5. to
6. for

B 2. to 3. to 4. to 5. of
6. for

Unit 06 5형식

Check and Write

▶ 본문 p.155

A 2. the homework, × 3. me, sad
4. someone, shout 5. him, a police officer

B 2. × 3. ○ 4. × 5. ○
6. × 7. ○ 8. × 9. ○
10. ○

Practice 1

▶ 본문 p.156

2. 4	3. 3	4. 5
5. 4	6. 5	7. 4
8. 5	9. 4	10. 3
12. sing a song	13. dance	14. draw a picture
15. happy	16. interesting	17. play basketball
18. laugh	19. sleepy	20. a singer

Practice 2

▶ 본문 p.158

2. Our dad cooked spaghetti for us
우리 아빠는 우리에게 스파게티를 요리해주셨어.

3. My friend made a birthday cake for me
나의 친구는 나에게 생일케이크를 만들어줬어.

4. Dad cooked dinner for us
아빠는 우리에게 저녁을 요리해주셨어.

5. He gave a pencil to me
그는 나에게 연필을 줬어.

6. The students asked a question of him
그 학생들은 그에게 질문을 했어.

7. My mother made a pretty bag for me
나의 어머니는 나에게 예쁜 가방을 만들어주셨어.

8. Mr. Kim teaches English to them
김 선생님은 그들에게 영어를 가르치셔.

9. She writes a letter to Mina
그녀는 미나에게 편지를 한 통 써.

10. I sent a birthday gift to you
나는 너에게 생일 선물을 보냈어.

12. My parents gave me a present
나의 부모님은 나에게 선물을 주셨어.

13. Mina sent her friend some books
미나는 그녀의 친구에게 몇 권의 책을 보냈어.

14. He sent me a birthday gift
그는 나에게 생일 선물을 보냈어.

15. Did you buy her a cake
너는 그녀에게 케이크를 사 주었니?

16. Homework brings us much stress
숙제는 우리에게 많은 스트레스를 가져다 줘.

17. He showed his mom his diary
그는 그의 엄마에게 그의 일기를 보여 줬어.

18. Mom made me dinner
엄마는 나에게 저녁을 만들어 주셨어.

19. He teaches the students world history
그는 학생들에게 세계사를 가르쳐.

20. I made him a birthday cake
나는 그에게 생일 케이크를 만들어 줬어.

Practice 3

▶ 본문 p.161

2. I gave some food to the dog
나는 그 강아지에게 음식을 줬어.

3. She cooked some food for me
그녀는 나에게 음식을 요리해주셨어.

4. Please bring the ball to me
나에게 공을 가져다 줘.

5. He teaches English to me
그는 나에게 영어를 가르쳐 줘.

6. I will send an e-mail to him
나는 그에게 이메일을 보낼 거야.

7. I could give you something
나는 너에게 무언가 줄 수 있었어.

8. I sent you a new emoticon
나는 너에게 새로운 이모티콘을 보냈어.

9. I can lend my notebook to you
나는 너에게 내 공책을 빌려줄 수 있어.

10. I made cookies for my teacher
나는 선생님께 쿠키를 만들어 드렸어.

11. My friend bought this emoticon for me
내 친구가 나에게 이 이모티콘을 사줬어.

12. Can I ask something of you
뭐 좀 물어봐도 될까요?

13. It made me excited
그것은 나를 신나게 만들었어.

14. The sun turned her face red
태양은 그녀의 얼굴을 빨갛게 만들었어.

15. He found his younger sister sick
그는 그의 여동생이 아프다는 것을 발견했어(알게 되었어).

16. I made everyone worry
나는 모두를 걱정시켰어.

17. I saw her cry
나는 그녀가 우는 것을 봤어.

18. Someone kept the door open
누군가가 문을 열린 채로 두었어.

19. She saw them cross the street
그녀는 그들이 길을 건너는 것을 봤어.

20. I watched him play basketball
나는 그가 농구하는 것을 지켜봤어.

Let's Practice More!

SET 01
▶ 본문 p.164

02. you my notebook
03. sent a letter
04. me a snack
05. cooked spaghetti
06. his brother a baseball cap
07. made a birthday cake
08. us much stress
09. bought a camera
10. my puppy a delicious meal
11. gave a pencil
12. his mom his diary

SET 02
▶ 본문 p.165

02. for	03. for	04. of	05. for
06. to	07. to	08. to	09. for
10. to	11. to	12. for	

SET 03
▶ 본문 p.166

02. the dog for me
03. English to me
04. something to you
05. my pencil to you
06. some cookies for my teacher
07. a book to you
08. this doll for me
09. something of you
10. dinner for my father
11. world history to the students
12. much stress to us

SET 04
▶ 본문 p.167

02. She cooked us some food
그녀는 우리에게 음식을 요리해 주셨어.

03. The students asked a question of him
그 학생들은 그에게 질문을 했어.

04. Did you buy a cake for her
너는 그녀에게 케이크를 사 주었니?

05. Mom bought me a dog
엄마는 내게 강아지를 사 주셨어.

06. I gave the dog some food
나는 그 강아지에게 음식을 줬어.

07. I sent him a letter
나는 그에게 편지를 한 통 보냈어.

08. My mother gives a snack to me
나의 어머니는 나에게 간식을 주셔.

09. Sihu bought a baseball cap for his brother
시후는 그의 남동생에게 야구모자를 사줬어.

10. I made a delicious meal for my puppy
나는 나의 강아지에게 맛있는 식사를 만들어줬어.

SET 05
▶ 본문 p.168

02. Sihu	03. laugh	04. happy
05. cry	06. wash the dishes	
07. angry	08. sing a song	09. dance
10. interesting	11. sleepy	12. a singer
13. excited	14. red	

SET 06
▶ 본문 p.169

02. 동	03. 형	04. 형	05. 동
06. 동	07. 형	08. 명	09. 형
10. 형	11. 동	12. 형	13. 동
14. 동			

SET 07
▶ 본문 p.170

02. open	03. laugh	04. happy	05. cry
06. her	07. red	08. interesting	09. play
10. sleepy	11. a singer	12. wash	13. her
14. excited	15. worry	16. cross	17. sick
18. cry	19. laugh	20. happy	

SET 08
▶ 본문 p.172

02. 4	03. 5	04. 5	05. 5
06. 5	07. 5	08. 5	09. 5
10. 5	11. 4	12. 4	13. 4
14. 4	15. 5	16. 4	17. 5
18. 5	19. 4	20. 4	

Chapter 03 실전테스트
▶ 본문 p.174

01. 형용사: kind, poor, red 부사: safely, never

02. ①, ②	03. ②, ④	04. ②
05. ④	06. ④	07. looked
08. ④	09. ②	10. 5
11. ②	12. ⓒ, ⓔ	

13. dance, a bear 14. a pen, her
15. the news, her 16. to 17. for
18. ① 19. (1) happy (2) to
20. ③ 21. ③ 22. ④
23. ① 24. sleep/sleepy
25. ②

26. She found the map for us.
그녀는 우리에게 그 지도를 찾아주었다.

27. They showed their money to me.
그들은 나에게 그들의 돈을 보여주었다.

28. I ask a favor of you.
나는 너에게 도움을 요청한다.

29. I found this song beautiful.
나는 이 노래가 아름답다는 것을 알게 되었다.

30. Kate made her cry.
Kate가 그녀를 울게 만들었다.

2024 The 4th Mothertongue Scholarship for TOP Elementary School Students

2024 마더텅 제4기 초등학교 성적 우수 장학생 모집

2024년 저희 교재로 열심히 공부해 주신 분들께 장학금을 드립니다!

지원 자격 및 장학금

대상 30 만원 / 금상 10 만원 / 은상 3 만원

초1 ~ 초6

지원과목 국어/영어/한자 중 최소 1과목 이상 지원 가능

※여러 과목 지원 시 가산점이 부여됩니다.

제출서류

아래 2가지 항목 중 최소 1개 이상 서류 제출

① **2023년 2학기 혹은 2024년 1학기 초등학교 생활통지표** 등 학교에서 배부한 학업성취도를 확인할 수 있는 서류

② **2023년 7월~2024년 6월 시행 초등학생 대상 국어/영어/한자 해당 인증시험 성적표**

책과함께 KBS한국어능력시험, J-ToKL, 전국영어학력경시대회, G-TELP Jr., TOEFL Jr., TOEIC Bridge, TOSEL, 한자능력검정시험(한국어문회, 대한검정회, 한자교육진흥회 주관)

위 조건에 해당한다면

마더텅 초등교재로 공부하면서 **느낀 점**과 **공부 방법, 학업 성취, 성적 변화 등에 관한 자신만의 수기**를 작성해서 마더텅으로 보내 주세요. 우수한 글을 보내 주신 분들께 **수기 공모 장학금**을 드립니다!

응모대상 마더텅 초등 교재들로 공부한 초1 ~ 초6

뿌리깊은 초등국어 독해력, 뿌리깊은 초등국어 독해력 어휘편, 뿌리깊은 초등국어 독해력 한국사, 뿌리깊은 초등국어 한자, 초등영문법 3800제, 초등영문법 777, 초등영어 받아쓰기·듣기 10회 모의고사, 초등교과서 영단어 2400, 비주얼파닉스 Visual Phonics, 중학영문법 3800제 스타터 중 최소 1권 이상으로 신청 가능

응모방법

① 마더텅 홈페이지(**www.toptutor.co.kr**)의 [고객센터-이벤트] 게시판에 접속

② [2024 마더텅 초등학교 장학생 선발] 클릭 후 지원하는 분야의 [2024 마더텅 초등학교 장학생 지원서 양식]을 다운

③ [2024 마더텅 초등학교 장학생 지원서 양식] 작성 후 메일(**mothert.marketing@gmail.com**)로 발송

선발일정

접수기한 2024년 7월 31일 수상자 발표일 2024년 8월 12일 장학금 수여일 2024년 9월 11일

※유의 사항

1. 마더텅 장학생 선발에 응모하며 제출한 자료(이름, 학교명, 성적 인증 자료, 후기 등)는 장학생 선발을 위해 사용되며, 마더텅 장학생에 선발될 경우 위의 자료가 출판사의 교재 개발 및 홍보에 사용될 수 있습니다. 마더텅 장학생으로 선발된 것을 승인하고 장학금을 수령한 경우 위의 사항에 동의한 것으로 간주합니다. 2. 위와 같이 개인 정보를 수집하고 이용하는 것에 대해 동의를 거부할 수 있으며, 동의를 거부할 경우 참여가 불가능합니다. 만 14세 미만은 부모님께서 신청해 주셔야 합니다. 3. 제출한 자료는 반환되지 않으며, 제출한 자료의 내용과 관련하여 확인이 필요한 경우 관련 자료의 우편 제출을 요구할 수 있습니다. 4. 장학금 지급 방법은 선발된 분께 개별적으로 통지합니다. 5. 마더텅 장학생 선발 후에도 소정의 활동(심층 소비자 조사, 교재 후기 작성 등)이 있을 예정입니다. 6. 제출한 자료의 내용이 사실과 다를 경우 장학생 선발은 취소될 수 있으며, 장학금을 수령한 경우 반환하여야 합니다. 7. 10만원 이상의 장학금(수기 공모 당선금) 수령 시 관계법령에 따라 제세공과금(22%)은 당첨자 본인 부담이며, 제세공과금 처리 및 장학금 발송을 위해 장학금 수기 공모 당선자의 개인정보를 요청할 수 있습니다. 8. 위 상금은 제세공과금을 제외하고 수상자에게 실제 지급되는 금액입니다.

초등영문법 3800제 서평

초등3학년 아이.. 원서는 어느 정도 잘 읽는데.. 글씨 쓰는 걸 많이 어려워해요. 그래서 문법을 알면 도움이 되지 않을까 싶어서 찾다가 3800제를 만났네요. 초등 저학년 아이가 혼자서 하는데 있어서 어려움이 없어요. 쉬운 단어로 설명을 해주니 쉽게 이해하고 공책에 배운 걸 써보기도 하면서 혼자서 열심히 공부하고 있어요. 2번, 3번 쭈욱~~ 3800제로 나갈까 합니다. *YES24* / 은**주

형이 중학교 진학 전부터 중학생용 3800제를 풀고 있었고 3800제 구성이 만족스러워서 초등 동생도 풀기 시작했어요. 개념도 구체적이고 다양한 내용이 있어서 좋았어요. 지루하지 않게 그림이 자주 삽입되어 있으니까 덜 삭막해요^^ 무엇보다 다각도로 연습문제가 진짜진짜 많아요. 어설프게 알고 진도 나가면 나중에 다시 봤을 때 까먹게 되고 제대로 이해 못하게 되거든요. 다양한 방식의 문제를 풀면서 영어실력이 확장되는 게 느껴져요. 게임, 마크만 성실, 꼼꼼하게 하지 공부는 대충 해치우고 마는 아이인데 이 교재를 통해서 언젠가는 영어 실력이 차곡차곡 쌓이길 기대해봅니다. 뒷편에는 단어 공부, 받아쓰기 연습을 할 수 있는 것도 있어요. 아이 핸드폰에 mp3파일을 넣어주면 스스로 할 수 있겠더라구요. 아직은 진도를 빨리 빼느라 숙제주진 않았는데 방학 시작하면 이 한권으로 영어공부는 충분할 것 같습니다. 핸드폰이 게임, 유튜브 보는 것만이 아닌 공부할 적에도 사용하는 것이라는 것을 알게 되길~^^; *YES24* / 희*

잠수네로 별칭되는 엄마표 영어를 한 지 몇 년 되었는데 엄마가 너무 띄엄띄엄 지도하다 보니 아이 단어와 문법이 많이 약한 것 같아 문법 교재로 구매했습니다. Unit 시작할 때 단어가 스물 몇 개 있고 의미를 인지하고 있는지 셀프 테스팅 하도록 구성되어 있고 개념 문제 뒤 연습문제가 쭉 있어서 아이가 스스로 정리하며 공부할 수 있어요. 난이도는 쉬운 편이라 차라리 부담 없이 스르륵 풀 수 있어서 좋아요. *YES24* / d**rh0424

문법은 실제로 문장 속에서 활용해봐야 이해가 쉽기 때문에 예제 중심의 반복학습이 가능한 책을 찾다가 선택한 교재입니다. 여러 형식으로 문제 풀이가 다양하게 제시되어 있어 문제를 풀다보면 그 원리가 절로 체득되어 정말 좋습니다. 아직 문법이라는 추상적인 개념을 이해하기 어려워하는 초등학생들에게 좋은 교재예요. 기존에 기초 문법의 틀이 조금 잡혀 있는 학생들은 자습용으로도 좋고 처음 문법을 접하는 학생들에게는 단계적으로 심화되는 문제 구성을 차근차근 밟아가며 공부하기에 좋습니다. *YES24* / a**owa

---

아이 문법 학습을 위해서 구입을 하게 되었습니다. 큰아이 중학영문법 3800제를 가지고 학습을 한 경험이 있어 믿고 구입하게 되었는데 역시나 초등문법도 많은 연습문제로 아이들이 같은 내용을 꾸준히 반복 연습하게 구성이 되어있어서 마음에 듭니다. 초등학생용이라 글씨도 큼직큼직하고 페이지마다 빈공간도 많이 있어 답답하지도 않아서 좋아요. 초등학생 아이들은 일단 글씨가 작고 빽빽하면 보면서 질려하는 경향이 있는데 이 교재는 그런 점에서는 후한 점수를 주고 싶네요. 단순 객관식 문제 풀이로 학습시키고 싶은 분들에게는 추천하지 않구요. 객관식 문제풀이가 단원 끝에 단원테스트에 조금 밖에 없어서요. 객관식 문제풀이가 아닌 아이가 문장을 만들면서 학습하기를 원하시는 분들에게는 강추합니다. 타 학습서들이 보통 초등문법을 2권 내지 3권에 끝내는 것을 이 초등영문법 3800제는 1권부터 8권까지에 연습할 부분을 나누어 놓았으니 얼마나 많은 반복을 시킬 수 있는지 권수만 봐도 알 수 있지요. 어쨌든, 초등학교 4학년 아이 8권까지 열심히 공부할 예정입니다. *YES24* / j**onim

Choose and write.

알맞은 것을 보기에서 골라 빈칸에 쓰세요.

정답은 뒷면에서 확인하세요.

보기 **ug** **ub** **up**

1. 

pl u g

2. 

p ___ ___ py

3. 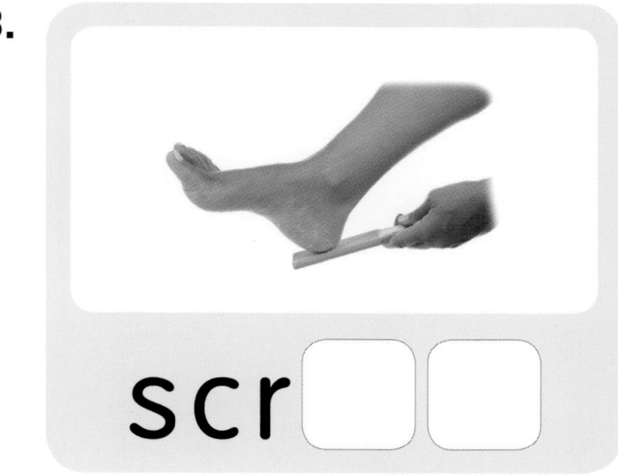

scr ___ ___

4. 

c ___ ___

5. 

cl ___ ___

6. 

b ___ ___

Choose and write.

알맞은 것을 보기에서 골라 빈칸에 쓰세요.

1.

2.

3.

4.

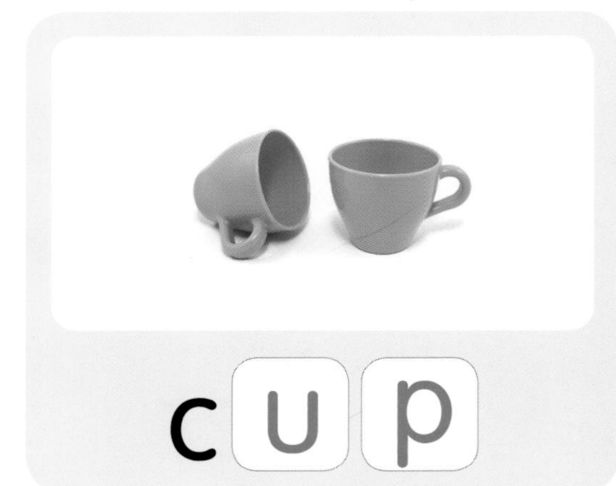

5.

6.